ELEGANT SIMPLICITY
The Art of Living Well

美而简
生活的艺术

[英]萨提斯·库马尔（Satish Kumar） 著
郝冰 译

中国出版集团
中译出版社

图书在版编目（CIP）数据

美而简：生活的艺术/（英）萨提斯·库马尔(Satish Kumar) 著；郝冰译. -- 北京：中译出版社，2023.3（2025.3 重印）

书名原文：Elegant Simplicity: The Art of Living Well

ISBN 978-7-5001-7227-7

Ⅰ.①美… Ⅱ.①萨…②郝… Ⅲ.①生活方式—通俗读物 Ⅳ.① C913.3-49

中国版本图书馆 CIP 数据核字（2023）第 009158 号

著作权合同登记号：图字 01-2022-5914

Copyright © 2019 by Satish Kumar
First published by New Society Publishers Ltd., Gabriola Island, British Columbia, Canada
This simplified Chinese language edition arranged with New Society Publishers Ltd., through The Artemis Agency.
Simplified Chinese translation copyright © 2023 by China Translation & Publishing House
ALL RIGHTS RESERVED

美而简：生活的艺术
MEIERJIAN: SHENGHUO DE YISHU

著　　者：	[英] 萨提斯·库马尔
译　　者：	郝　冰
策划编辑：	朱小兰　王海宽
责任编辑：	朱小兰
文字编辑：	王海宽　朱　涵
营销编辑：	任　格　苏　畅　索　骄
出版发行：	中译出版社
地　　址：	北京市西城区新街口外大街 28 号普天德胜大厦主楼 4 层
电　　话：	（010）68002494（编辑部）
邮　　编：	100088
电子邮箱：	book@ctph.com.cn
网　　址：	http://www.ctph.com.cn
印　　刷：	北京中科印刷有限公司
经　　销：	新华书店
规　　格：	880 mm×1230 mm　1/32
印　　张：	8
字　　数：	120 千字
版　　次：	2023 年 3 月第 1 版
印　　次：	2025 年 3 月第 2 次印刷

ISBN 978-7-5001-7227-7　　定价：59.00 元

版权所有　侵权必究
中译出版社

居善地，心善渊，与善仁，言善信，正善治，事善能，动善时。

——老子

♦♦♦

这是一本精彩的生活宣言，和萨提斯一样，这本书充满了智慧与温情，简单而美好。

大卫·奥尔
欧柏林学院环境研究和政治学保罗·西尔斯荣誉教授

♦♦♦

萨提斯·库马尔的《美而简：生活的艺术》一书是他一生思想和行动的精华。展示了人的内在与外在世界的紧密联结，土壤、心灵、社会，以及美好、欢愉、非暴力的万物一体。这本书道出了我们当今时代的难题，诸如气候变化、仇恨、暴力、无望、沮丧等情绪的解决之道——以优雅的方式思考和生活，减少我们的生态足迹，丰富我们的心灵和思想。

范达纳·席娃
活动家，《地球民主》《谁真正养活了世界》作者

♦♦♦

萨提斯·库马尔的生活和教导都展现出一种简单之美，其中饱含着解决复杂问题的智慧与创造性方法。跟随他的脚步，让生活变得生机盎然、美而简。

迪帕克·乔普拉
美国健康研究院特别委员，《生命的七大精神法则》作者

♦♦♦

一位践行简单生活理念并有所收获的哲人，他的阐释令人振奋。

马克·塔利
英国广播公司新德里分社前社长，记者，《印度没有句号》作者

❖❖❖

在《美而简：生活的艺术》一书中，萨提斯·库马尔分享了他在灵性活动、教学和日常生活中的卓越洞见。这是一本深刻而又通俗易懂的生态文明指南，通往和平、物质丰富和精神富足。现在的经济正逐步把我们推向自我毁灭，对于所有寻求替代经济至上的人来说，这是一本必读的书。

大卫·柯藤
《当公司统治世界》《大转折》和《改变故事，改变未来》作者

❖❖❖

在地球上没有人能比他更好地处理这个议题，他的洞察力促使你思考自己的生活方式并做出改变。多么富有正能量！

比尔·麦克基本
《摇摇欲坠：人类文明将要自食其果吗？》作者

❖❖❖

我父母在大萧条时期结婚，时代塑造了他们的价值观并影响了我。"量入为出""省一点留给明天""要大方，不要贪""要为生活的必需品努力工作，有钱不会让你变成更好或更重要的人"。但随着二战后美国选择消费作为经济复苏的途径，对于生活的教导被抛诸脑后，追求经济成了社会的主要目标，而不是实现更高目标的手段。在这本令人感动而极具说服力的书中，萨提斯·库马尔带着我们游历了他个人的生命旅程，过一种更简单、更快乐、低生态足迹的生活。在穷奢极欲的消费主义浪潮中，在这孤独又疏离的时代里，库马尔传达的信息是一份升清降浊的礼物，更是一剂备受欢迎的解药。

大卫·铃木
遗传学家、作家和环境活动家

读萨提斯·库马尔的书总是振奋人心！在《美而简：生活的艺术》中，他把一生对积极行动的承诺和经验淬炼成他对人类大家庭和所有生命深切的爱。他对人类大家庭以及这个美丽的、濒临灭绝的星球上所有生命满怀关爱。他推崇人们全然尊重所有人，承认生命的丰饶，信任并关爱世界上的一切生灵，践行宽恕，享受人间清欢。这本书是超越一切信仰与意识形态的祝福！

黑兹尔·亨德森
《创造另类的未来》作者，道德市场媒体创始人兼首席执行官

　　清明的智慧融入生动的故事，温和而直接，完美地阐释了书名。

查尔斯·艾森斯坦
《气候：新故事》作者

PRELUDE

中文版自序

很高兴我的书《美而简：生活的艺术》能在中国出版，中国的历史、文化、哲学、艺术和智慧一直启发和影响着我。老子是美而简精神的伟大代表，我也不知读了多少遍老子。他对自然的爱让我心动，他对"俭"的观点也让我想去力行。我们需要在日常生活中践行这位中国伟大圣人的教诲。

同时，我也是一名向孔子学习的小学生。他不仅指出了一个人如何与自我、与他人和谐相处的方式，也指出了人与自然和谐相处的道路。如果人类能秉承"和"的精神，我们所有的问题立刻就解决了。人际和谐、社会和谐、生态和谐就是孔子所奠定的中国文化纲领性原则。

过去百年，全世界都被工业文明所钳制，其结果就是我们珍贵的地球不得不忍受气候变化、污染、垃圾之苦。要解决这些大问题，我们需要一种新文明，根植于美而简原则中的新生态文明。而老子与孔子两位伟大的中国圣人，他们的教导将帮助我们从生态与社会和谐中生发出这一新文明。

非常希望我的书能贡献微薄之力，去践行老子和孔子教导的新生命之路。

Satish Kumar

FOREWORD

推荐序

弗里乔夫·卡普拉

萨提斯·库马尔有着不同寻常的人生。他出生在印度拉贾斯坦邦的一个小镇上，年仅9岁就离开家，加入耆那教，四处行脚。据他讲述，在他的父亲突然辞世后，他遇到了一位耆那教的僧人，这位僧人教诲他，出世并遵循僧侣的仪轨，就可以摆脱死亡并获得涅槃，而这也促成了他出家的念头。

在接下来的九年里，年轻的萨提斯过着严格的耆那教僧侣生活，每天步行，从不洗澡，经常禁食，每天长时间进行冥想。后来，在他18岁的时候，他暗自在圣雄甘地的书中读到，精神信仰的追求可以通过入世服务于世界而非出世来获得。萨提斯受到甘地教义的启发，离开了耆那教，加入了甘地密友维诺巴·巴韦（Vinoba Bhave）的甘地精舍。

萨提斯与维诺巴一起，行走了数百英里①，为印度的土地改革奔走呼号。他写道："作为一名僧人，我学会了行走、禁食、思考和冥想的艺术。在菩提伽耶的精舍，我掌握了制造的艺术——烹饪、园艺以及把棉花纺成纱线来自己制作衣服。在维诺巴那里，我学会了如何冥想，并受英国哲学家、和平活动家伯特兰·罗素的启发与一位朋友决定为和平去朝圣。"他与一位僧侣同伴从新德里的甘地墓步行出发，到莫斯科、巴黎、伦敦和华盛顿特区——四个核大国的首都。他们分文未带，依靠着陌生人的善意和热情，在路上走了两年多，行了8 000多英里路。

1973年，萨提斯·库马尔在英国定居，担任《复兴》（Resurgence）杂志编辑一职。在他任职期间，他发表了著名的《小的就是美好的》以及作者E.F.舒马赫（E.F. Schurnacher）的一系列文章。通过多年努力，他将《复兴》杂志变成了最重要、最美丽的生态杂志之一。同时，萨提斯（全世界的朋友和弟子都称他为萨提斯）启发、发起和指导了一系列生态项

---

① 1英里≈1.64千米。——译者注

目，并且都取得了巨大的成功。这些项目包括在他居住的北德文郡哈特兰社区创建小规模学校、举办舒马赫年度系列讲座，以及创建并运营位于南德文郡的著名生态研究中心舒马赫学院。

我有幸作为朋友和同事与萨提斯相识30多年了，我经常想知道他在这么多事业中取得成功的秘诀是什么。在这本书中萨提斯给了我们一个答案。《美而简：生活的艺术》是他基于僧侣、甘地活动家、生态哲学家、教育家和灵性导师一生的丰富经历，以一个朴素的视角，产生的对灵性本质的思考。

萨提斯用他在演讲和写作中特有的优美、雄辩和充满激情的语言，将构成内在与外在简单精神生活的各种线索编织在一起。对萨提斯来说，这种简单就像甘地的非暴力一样，并不意味着不作为。他解释说："简单生活和抛弃杂物并不意味着我们要过不舒适的生活。降低物欲，享受更纯粹的舒适是一种与生俱来的美。繁杂带来混乱，简单带来清明。"

他告诉我们，繁杂带来的不仅是我们个人生活的混乱，也给整个世界带来混乱。"奢侈的生活造成了浪费、污染和贫穷。"因此，简单成为一种社会正义的声明。萨提斯引用甘地的话，敦促我们"简单地生活，好让其他人也能简单地生活"。为了达到美而简的状态，他建议我们追求心灵与思想的简单。他写道："思想和心智的简单，将减少对物质的渴望。"他还总结道："这似乎是矛盾的，但简单会带来丰盈。"

这些段落与佛教的正念修行产生了强烈的共鸣。事实上，萨提斯明确指出："简是一种用心的生活方式。"几页之后，当我读到"简单意味着我们在生活中流转，如同河在大地上奔流"时，我还闻到了道家的味道。

在随后的章节中，萨提斯通过讨论体现美而简精神生活的各个方面来阐述这些思想。他指出，走向简单代表着生活的重点从追求物质财富的数量转向寻求生活的质量；从获得物质满足中的表面幸福，转移到在人际关系和人与自然的关系中寻找真正的满足。我曾在其他地方论证过，这种从数量到质量的转变对于建立一个生态可持续和社会公正的经济是至关重要的。因此我读到萨提斯的论断时并不感到惊讶："简单，就是通往可持续发展的道路。"

问题自然而然地出现了：我们如何实现这个美而简的目标？萨提斯的回答是："简单并没有任何公式或技术。"他建议我们:"全神贯注于头脑、思想、语言、感觉、行动、食物、衣服、房子、意图和关系的简单。"他指出,这是一个终生的过程,没有最终目标。不出所料,他总结道:"我们在一个旅程中,一个朝圣之旅……对我来说,美而简植根于朝圣的理念。作为一个朝圣者,就是要培养外在的简朴和内在的单纯。"

这一洞见是萨提斯从他广泛经验积累中为我们提供的一些关于朝圣性质的深刻思考。他告诉我们,在朝圣的过程中并不需要计划:"不拘泥于计划和教条,顺应自身的能量。如果我们允许意外出现,奇迹就会发生。"

在更深的层次上,对萨提斯来说朝圣的真正意义在于摆脱所有执着、习惯、偏见的生活。正如他所写道:"朝圣既是现实行为,也是对生命的隐喻。做一个朝圣者就是在各种环境下都能活得轻松简单,同时拥抱生活中遇到的各种困难和不开心。虽然我也多次到宗教圣地和名山大川朝拜,但更深层的真相是,生命本身就是朝圣之旅。"

萨提斯还将他对朝圣的理解与印度教的行动瑜伽概念联系起来,这构成了印度最受欢迎的宗教文本《薄伽梵歌》

（*Bhagavad Gita*）的核心。他解释说，行动瑜伽的哲学指导我们采取行动，而不希望得到我们行动的结果。他写道："生命是一个永恒的旅程，没有目标，没有目的地。因此，我们应该关注的是我们的行动本身，而不是结果"。

萨提斯认为，美而简的一个基本要素是技艺。他解释说："在我的世界观中，美而简的生活将建立在艺术和手工技艺的坚实基础上。我们需要远离自动化、工业主义和机器人系统。我们需要拥抱用心制作的理想。"

对萨提斯来说，成为一名艺术家就是成为一名制造者。他说："艺术不是一种职业，它是一种正确的生活方式，在这里，职业与天命合一。"他指出："在土著文化中，艺术既不是爱好，也不是奢侈品，而是日常生活和生存的基本要素。"他设想了一个合作形式的社会，在这个社会中，"雇员和消费者被转化为生产者和艺术家"。他断言："用心制作就像冥想。制作的过程中，必须全神贯注。"

这种艺术家和创作者的灵感生发了创办"小微学校"的愿景，那是萨提斯在德文郡当地社区创建的一所中学。以下是他对该学校课程的描述："我们说，'我们不打算只教莎士比亚、达尔文、牛顿和伽利略，我们要在数学、科学和英语之外，教烹饪、园艺、建筑、缝纫、修补、木工、摄影和音乐.'这就是我们的课程。我们的学校不会是一个考试工厂，它将是一个自我发现的场所。"

几年后，萨提斯将"学校是自我发现的场所"这一深刻的理念应用到高等教育中，创建了舒马赫学院。我很幸运地在那里教了20多年的课，非常了解该学院。舒马赫学院是一个独特的学习机构，它不是一所传统的学院，没有明确的教师和学生群体，而且与大多数学院和大学不同，它不是由任何政府机构或与商业有关的任何个人或基金会创立的。学院是从20世纪90年代出现的全球公民社会的脉动中发展起来的。因此，作为《复兴》杂志的编辑，萨提斯的朋友圈和同事渐渐形成一个网络，网络中的国际学者和活动家也自然而然地成了舒马赫学院的教师。

在1991年舒马赫学院成立之前，没有一个学习中心能从不同的角度对生态学进行严谨、深入的学术研究。在随后的几年里，当一个全球性的非政府组织形成后，情况发生了极大变化。这个跨国团体发展出了一个由学者、研究机构、智库和学习中心组成的网络,这些机构大多在我们主要的学术机构、商业组织和政府机构之外运作。今天,世界各地有几十个这样的研究和学习机构,舒马赫学院作为首批机构之一,仍然发挥着主导作用。

从一开始,萨提斯就有这样的设想:学院不应持欧洲中心主义的观点,而应广泛发声,体现国际性。当美国人和欧洲人在这里讨论科学、技术和哲学时,来自非洲、印度、日本和世界其他地区的声音也应当参与进来。

学生中也保持着种族、文化和知识的多样性。对我来说,24名课程参与者(既定的限制)来自10个或更多不同的国家是很平常的事。学员通常受过高等教育,他们是各个领域的专业人士,其中有些是年轻的学生,但也有年长的人。因此他们从更多的角度为讨论做出了贡献。

舒马赫学院的另一个重要特征是它所产生的强烈社区意识。学员们来到这里几个星期,一起生活,一起学习,也一起工作,以经营这个学习社区。他们被分成几个工作小组,做饭、打扫、种菜——做维护学院所需的所有工作,实现萨提斯"手、心、脑三合一式教育"的愿景。

在这些小组中，交流几乎昼夜不停地进行。当他们在厨房里切菜时，人们在交谈；当他们在拖地，或为一个特别活动重新布置椅子时，他们在交谈。这里的每个人都沉浸在持续的社区体验和令人兴奋的智力对话和讨论中。

所有这些都激发了巨大的创造力。在舒马赫学院，许多事物都是大家一起创造的，包括从厨房里的饭菜到课堂上的想法。创造力的蓬勃发展是因为社区中存在着对彼此的完全信任。对在学院任教的教师来说，他们几乎就像置身于家庭之中。这种强烈的团体感在相处不超过一两个星期后就出现了。对大多数学者来说，这样的情况非常有吸引力，因为它为大家提供了一个独特的机会来深入自己的工作，并在一个安稳的环境中尝试新的想法。因此，舒马赫学院不仅是课程参与者学习的独特场所，也是教学人员在大段时间内与一群受过高等教育、积极性很高的学生深入接触，并进行持续自我探索的地方。

在萨提斯担任学院项目主任的几十年间，他是舒马赫学院的核心和灵魂。他与课程参与者一起做饭，领导早晨的冥想，教授课程，并在一系列定期进行的"围炉夜话"中分享他的智慧。舒马赫学院体现了他对一个社区的愿景——在这个社区里，学习被用心的创作、冥想，以及美而简的生活补全了。

对萨提斯来说，有意义的教育帮助我们克服了自我分裂的困境，推动对正确关系的认识和实践。他指出：美而简的训练，必须扎根于正确关系的土壤中。这与我们现在科学和社会的范式转化完全一致——从把世界看成一台机器到把它理解成一个网络，从看重数量到注重质量，从追求产品到培养关系。萨提斯将这种转变描述为从自我（Ego）到生态（Eco）的转变。他写道："如果我们不希望我们的生活复杂化，那么我们必须从自我（Ego）转向生态（Eco）。自我是分离的，生态是联结的。自我使人复杂，生态使人简单。生态意味着'家'，正确的关系在这里得到培育。"

在书的最后一章，萨提斯总结到，我们需要关注三个存在领域：土壤、心灵与社会。对我而言，这三个领域分别对应生态、认知和社会层面。"土壤，"萨提斯解释说，"是对所有环境和自然关系的一个隐喻。一切都来自土壤。森林、食物、房屋、衣服都来自土壤。我们的身体来自土壤，并返回到土壤中。土壤是生命之源。"

萨提斯提醒我们要珍惜和善待土壤。他继续说："同样，我们需要善待我们的心灵……我们需要找到充实和疗愈心灵的方法……冥想就是这样一种艺术……在冥想中，外在世界和内在世界相遇，土壤和心灵合一。土壤健康、心灵幸福的原则要延展到社会层面。只有按照人类尊严、平等和社会正义的原则组织我们的社会时，一切才是可能的。"

对一些人来说，萨提斯的宏伟愿景听起来可能过于理想化。他很清楚这一点，而且他有一个强有力的回答："你可能会说我是个理想主义者。是的，我是一个理想主义者。但我问你，现实主义者取得了什么成就：战争？贫穷？气候变化？现实主义者统治世界的时间太长了……让我们给理想主义者一个机会。"

萨提斯所倡导的美而简也反映在他的语言中。他使用简单而有力的比喻，而且都是一些肺腑之谈。阅读他的文字几乎感觉像是冥想练习。当我沉浸其中时，我感受到平静和祥和。在我认识萨提斯的这些年里，与他相处我总是有如沐春风的感觉。阅读这本精彩的书，我同样感到幸福。

目 录

001　　　导 言

007　　　第一章
　　　　 我的故事：开头

023　　　第二章
　　　　 行路，很简单

049　　　第三章
　　　　 生命是朝圣

059　　　第四章
　　　　 美而简

075　　　第五章
　　　　 艺术家社会

089　第六章
　　　行动瑜伽

103　第七章
　　　学习与生活

129　第八章
　　　正确的关系：我们息息相关

143　第九章
　　　爱无止境

157　第十章
　　　宽恕的力量

179　第十一章
　　　与对立面共舞

191　第十二章
　　　洞见

203　第十三章
　　　灵性与科学相结合

213　第十四章
　　　土壤、心灵与社会

231　致谢

PREFACE

导言

让我们变得简单

天生简单,天生自由……

这是震教(Shaker)长老约瑟夫·布拉科特(Joseph Brackett)在1848年写的一首歌的开头。震教徒是美而简生活的最高典范,是简约之美的化身。长久以来,我一直蒙受震教简单至上的生活方式开示。

9岁那年,我成为一名耆那教徒。那时,我的生命中就埋下了"简单"的种子。耆那教和震教有相似之处,对耆那教徒来说,最低的物质拥有是最高的精神生活的先决条件。你花费在物质上的时间越多,用在冥想、研究经文、诵经、持咒上的时间就越少。这也是耆那教导师对我的教导。

18岁那年,我读到了圣雄甘地的著作,与震教派和耆那教相通,他也是一位伟大的简单倡行者。他的座右铭是"生活简单,思想高尚"。他住在自建的简单房舍里,穿戴自己纺纱织布做出的腰布和披肩。在领导印度独立运动和担任周报编辑的同时,自己种菜做饭。他向世人证明人能通过简单的生活来满足自己的物质需求,同时活跃在社会、政治和知识界。

对甘地来说,简单也是社会正义的声明。他认为"简单地生活,好让其他人也能简单地生活"是一种理想。贪婪和消费主义的生活方式会剥削弱者、掠夺自然。作为消费者,我们消耗资源,浪费时间和精力去追逐我们不需要的东西。我们把欲望置于需求之上、把魅力置于优雅之上、把掠夺置于保护之上。这种奢侈的生活造成了浪费、污染和贫穷。

无论是我作为耆那教僧侣,还是我在甘地精舍时的生活都是十分简单的。因此,简单生活的理想成为我的第二天性。

1962年,26岁的我决定为和平而去朝圣,希望可以和拥有核武器的四个国家的人民和政治家交流。我对自己说,还有什么能比发明和拥有这种大规模杀伤武器更糟糕、更愚蠢、更残忍的呢？我决心制作一剂解药，针对这个可怕的武器的解药。那就是用最简单的办法，进行一次朝圣式的抗议——徒步到世界拥核国家的首都。

就这样，我从新德里的圣雄甘地墓出发，走到莫斯科、巴黎、伦敦和华盛顿特区。为了使旅程更加简单，我和我的朋友梅农（E.P. Menon）口袋里没装一分钱就出发了。没钱、没食物，就靠两只脚，我们在路上走了大概八百天。这是我生命中最简单、最美好的八百天，彻底改变了我对存在意义的看法。

我完全相信，想要过上美好的、鲜新的、令人欢喜的生活，我们在物质上的需求可以微乎其微。我们可以靠太阳、土壤和水这些来自宇宙的赠礼生存，可以靠人性之中慷慨的仁爱生存。我们可以靠我们的手脚、我们的劳动来生存，不需要依赖从超市或百货公司购买。

靠爱和慷慨的生活会产生爱和慷慨。活得简单就会活得自由，相信诺维奇的圣朱利安（St. Julian of Norwich）所说"一切都会好起来，所有事情都会好起来"。简单让我们更接近崇高的真理、长久的善和微妙的美。

活得简单并不是懒惰，也不是无所作为。事实上，是消费主义的生活方式使我们变得懒惰、一无所长、心如枯井。机械化、工业化和规模化生产滋生了我们依赖的内心。美而简的理想存在于艺术和技艺中、在制作的过程中、在简单生活的艺术中。简单生活关注的是生活质量，而非财富数量。正如艾瑞克·弗洛姆（Erich Fromm）所说，"体验的过程胜于拥有的结果。"

当我过着简单的生活时，我欢庆于动手的内在价值，不在意结果和成绩。通过艺术与技艺，我的需求得到满足，不致使自己成为欲望的奴仆。通过成为一个制造者、创造者和生产者，我感受到快乐、愉悦和满足。

活得简单自有回报。这是一种巧妙的生活——不仅使用我们的头脑和双手，而且培养我们的爱、宽恕以及理解生命的合一性。正如老子所说："吾有三宝，持而保之。一曰慈，二曰俭，三曰不敢为天下先。"

简单不仅限于尽量减少我们的物质拥有，也意味着要保持心灵朗清。放下物欲比甩掉我们的心理包袱更容易。骄傲、自我、恐惧和愤怒让我们的心灵和思想乱作一团,就像成堆的衣服、家具等物品把我们的房间弄乱一样。因此,震教、耆那教和甘地关于简单的观点,比仅仅摆脱物质财富和精简生活要深刻得多。

本书提出了一个全面且包罗万象的关于"简单"的生活理想。在此,我从心灵和物质两个角度展开探讨。心灵的简单和生活的简单一样重要,所以我加入了关于正确的关系和永恒的爱的章节。建立在真爱基础上的率直与真诚的关系能够消除家庭、朋友和邻居间的矛盾与困扰。如果我们不幸遇到仇恨和伤害的窘境,那么原谅和忘记要比背负怨恨和复仇的负担简单得多。

当我们陷入好坏、苦乐、得失之类的二元对立时,我们的生活就会变得复杂。所以,在心中培养平和的心态,和对立的人与事共舞,就是最简单的生活方式。这样我们就可以飞越抑郁和绝望,踏上幸乐美好的道路。

美而简是一条心灵通路,也是一种实用的生活方式,还是维持社会和谐的前奏。美而简可以保护自然栖息地、保护文化和社区。在保护外部的生态的同时,美而简也有益于心灵的内在图景。

简单，就是通往可持续发展的道路，而这并不是靠技术革新实现的。我们必须让我们的家、我们的工作和我们的生活变得简单，无论是现在还是未来，这才是创建可持续发展世界的途径。

简单也是通往灵性的通途。我们必须自忖简单，才能把自己从恐惧、愤怒、自我和贪婪的负担中解放出来，否则再多的寺院、教堂、庙宇或是经文也无济于事。当有了外在与内在的简单，我们就能拥有环境宜居、精神富足和社会公正的美好生活。美而简，是一种世界观，也是一种生活方式。

这就是本书的内容。

第一章

我的故事：开头

人类的幸福在于圆满。

——圣雄甘地

1936年8月9日,我在印度拉贾斯坦沙漠的一间房子里出生,房子边上有棵李子树。那里没电、没收音机、没电视、没电话、没车、没计算机,但有很多骆驼、奶牛,有原野、农场、歌声、故事、艺术、手作、舞蹈和音乐。心地善良的妈妈无微不至地照顾着我。四岁时,我的父亲辞世而去,那时妈妈却说,在无尽的悲伤中只有我是她的安慰。尽管妈妈给予我很多爱与热望,但在大家面前,她还是难掩内心的破碎与伤痛。

我爸爸50岁时因心脏病去世,留下小他10岁的妈妈独自抚养我们兄妹七人。妈妈一个人拉扯我们长大,虽然经常流泪,但她凭着巨大的勇气养育着我们。那时我还是一个小孩子,目睹着她的悲伤、她的失落和她的孤独,却无能为力。

时光如流水,妈妈悄然变化。她开始冥想,我听见她在诵经中逐渐平静下来，开始接纳苦乐、得失、生死等实相。她诵经时，悲伤的阴影在她面容上逐渐褪去，全身都散发着强烈而坚韧的气息。冥想把她带入了生命更深层的状态，曾经噙泪的双眼闪烁着亲切澄明的光。

她带我去小农场，一路走一路说，树啊、蜜蜂啊和蝴蝶啊。她会说到自然的疗愈之力，以及以自然为师。在记忆里，我和妈妈一起走路时，她总会为我讲故事、唱歌，特别有趣，让我着迷。

我真喜欢她走路、说话和笑起来的样子，也喜欢她讲的那些让我听不够的长长的故事。那时，我总是想和妈妈走路去农场。我开心地想，妈妈真好，她知道那么多事，记得那么多故事，我可真幸运，有这么好的妈妈。她是我的老师、上师，是我的英雄，她身上透着一种美好的简单。

当我回溯往昔，惊奇地发现她的生活是如何从失落和孤独变得宁静、祥和、完满。我记得她是一位美丽的母亲、一位好园丁、一位快乐的主妇。我记得她是一个战胜恐惧的女人，一个庆祝每一个当下，安然拥抱未来的人。她几乎从不生气。

妈妈接受了爸爸去世的事实，而我却越来越难过。作为一个七八岁的小男孩，我无法忘却妈妈被悲伤攫住的那些日子，我看见妈妈突然间开始一个人啜泣，我就会想：爸爸为什么会死？死是怎么回事？妈妈是不是也会死？我是不是也会死？没人能给出让我满意的答案，妈妈也不能。"是的，有一天我会死，你也会，我们都会。我们都在无尽的生死中轮回。"这是妈妈告诉我的，但是这样的回答让我更焦虑不安。

我想有人对我说："是的，你可以做到不死！是的，你可以长生不老！"可是没有，从来没人在我的耳边这样说。

后来有一天，我和耆那教的僧侣阿查里雅·图尔西谈起生死。图尔西（Tulsi）是罗勒[1]（basil）的意思，圣洁的罗勒，就这么简单而又普通的名字——实际上他可不是普通人。图尔西是妈妈的上师，也是我们全家人的上师，成千上万的追随者希望从他那里得到救赎。人们称他为"大师"[2]（Gurudev，音译为古鲁德夫），意为伟大的上师，崇拜他，敬仰他。

---

[1] 药食两用芳香植物，具有特殊香味。
[2] gurudev 意为古鲁中的古鲁，并不局限于一人，且不限于宗教领域内，译为"圣贤"为宜，但"圣贤"一词不适用于口语，在此采用"大师"的译法。

我遇见他时,他只有 30 岁,英俊而欢喜,人们认为他是一个真正"开悟"的人。和所有人一样,我被他迷住了,对我来说,我好像从他的身上找回了爸爸的影子,但又不止于此。他是安静与祥和的化身,最重要的是他说出了我内心渴望已久的回答,"是的,你可以了脱生死轮回,达到涅槃,获得终极的解放,在世间的来来去去中获得自由!是的,你可以从失落、孤独以及每一种痛苦中解脱出来!"这些话可是从有着无数信徒的真理发现者的嘴里说出来的!

"我怎么做才能涅槃呢?"我问他。

"你要因循僧侣的仪轨!放下你的自尊和财产,把自己从对家庭的依恋和财富的束缚中解放出来,过僧侣的生活!"大师的回答坚定、不容置疑。

"大师,我愿意和你一起!我愿做一切能战胜死亡的事情!我愿成为一名僧侣!"这些话脱口而出,没有丝毫犹豫。我的心怦怦地跳着,想到能与图尔西大师同行,胸中抑制不住地翻涌。和他在一起,我收获了安全感。

很多人说我年轻的身体里住了一个老灵魂。在印度,人们相信转世,相信我们带着前世的业力。所以我愿意出家可能与前世的业力有关。

很幸运,妈妈虽然不情愿,但是她理解我。她对我说:"如果这是你的使命,你的造化,那我怎么能成为你灵性之路的阻碍?"但其他亲朋好友并没有这么开放、看得开。我的哥哥争辩道:"一个九岁的孩子知道什么使命、造化?"妈妈的回答感动了大家,给了他们信心:"我知道,我明白。让这么小的孩子离开我,对我来说也很难,但是孩子不是一个愚昧的大人。如果我们现在压抑或打击他对灵性生命的追求,我们怎么知道这将会对他温柔的灵魂产生什么影响?但不管怎么说,这极其难得,还是应该让他去做他想做的。"

哥哥惊呆了,但我却十分喜悦。她爱我,但从不想占有我。我相信是妈妈给了我勇气与自信的基础,让我在未来的生活中能勇敢无畏地走出家门,踏上和平之路。最终,我说服了质疑我的哥哥同意我去做流浪的苦行僧。

我离开了家,放下了对亲爱的妈妈的牵挂。手上拿起讨饭的碗,一天只吃一顿饭,光脚走在路上,口里念诵着"唵(音 Om)……唵……唵……"

"不要理会那些俗事,除了耆那教圣人经典,也不要阅读其他书籍，日夜持咒冥想。"大师说，"通过苦行烧掉你所有挥之不去的消极情绪。"

于是我九年没洗澡，每年两次用手拔掉又粗又黑的头发，我每个月开始断食一整天，然后到两天，再到三天。早上静坐两个小时，晚上静坐两个小时，专注于呼吸，小我与大我，在纯粹无边的灵性之光中合一。

古鲁的教诲和耆那教的经文，让我开始把身体看作束缚，将世界当成牢笼。冥想把我从傲慢、贪婪、愤怒、自大、欲望与怀疑的罪身中净化解脱出来。

就这样一年年过去，我一直渴望着那难以企及的解放，也就是耆那教所说的解脱（moksha）。十四五岁时，我冥想的时间更长了，也更频繁地断食，我到荒无人烟的地方苦行，寻求救赎。十六七岁时，我对自己说："为了灵魂自由，我要更努力！"我祷告着，"我还能做些什么？哦，死亡之神啊，卡拉（Kala），降临于我，快来解脱我的罪身！从这令人厌倦的世界中解救我！"我清楚地记得那些消沉的日子，我想死，永不往生。

一位俗家弟子基肖尔（Kishor）看到我心乱如麻的样子，

给了我一本圣雄甘地的书。我本来被禁止阅读任何与教义无关的书，包括这本甘地的著作。但我偷偷地读了甘地的书，心更乱了。晚上我梦见了甘地，他在爬山，我紧随其后。中途他坐下来，等着我。当我赶上他，他说："不必通过放弃世界来得到救赎。"他起身说："跟我走。"他往上又爬了几步，"要通过服务世界来修持灵性，要放下的不是世界，而是你的愤怒、情欲和贪婪，要在生活中转化，获得救赎。"说完这些，一束光罩住了他，托着他升起来，消失在天空中，好像涅槃一般。

我醒来时浑身大汗，已经下半夜了，我辗转难眠，甘地到底是什么意思？

天将破晓，我决定出去长走，让自己平静下来。我走出了被沙丘环绕着的勒登格尔镇，漫无目的地越过了一个又一个沙丘。我想到图尔西大师，他是我的亲人，他教导我万事皆空，教导我出世的艺术。大师慷慨、仁慈、博学，教导我避世，而我对世界一无所知。突然间，我的内心深处生出了一种"渴望"。我想拥抱这个世界，爱这个世界。我想去种花，自己耕种做饭，不再乞食。我想怀抱貌美的女子，能用我的唇轻触她的唇。我想有个家,不再四处游走。我想睡在柔软的床上,不再睡硬地板。

我内心深处发生了改变,对死亡的恐惧消散了。解脱生死的愿望像是很久以前的回忆。

我失去了时间概念,只记得我走了很久很久,恍然不知自己置身何处。恍神已是傍晚,道远日暮,我很疲惫,又渴又饿,四下不见一人。我从没来过这片沙漠,迷失了回小镇的路。我精神恍惚,转着圈,东张西望,找不到方向。

过了一小会儿,又好像过了很久,视线中朦胧出现了一个牵着骆驼的人,我如释重负。我大声叫住了他,他一定从我穿的白色长袍看出了我是出家人,我们朝彼此走去。

"我迷路了,渴极了,你有水吗?"

牵着骆驼的好心人笑着说:"永远不要不带水就走进沙漠。"接着他把陶水罐递给我,水罐上蒙着一块儿湿布降温。我一口接一口地喝,我说:"我差点儿就渴死在沙漠里了。水就是命。谢谢你,牧驼人!谢谢你救了我的命。你叫什么名字?"

"大家叫我克里希那(Krishna)。"他说。

"黑天神（God Krishna），还真是！"我笑道。

"我父母希望我像黑天神一样开心，所以给我起了这个名字。"牧驼人说，"黑天是养牛的，是个幸福的农夫。我也是幸福的农夫！"

我被他说话的样子打动了，他的话让人轻松愉快。

"你去哪儿？"我问到。

"我住在勒登格尔附近的一个小村子里。"

"我可以和你一起走吗？我迷路了。"

"当然！你想骑骆驼吗？"

"不不不！我是出家人，过去九年，我从不骑骆驼，不骑马，也不坐汽车、火车、船，甚至连自行车都不骑。我必须走路，这是我的戒律。"

我跟着克里希那。他围着红色的穆斯林头巾，戴着银耳环，穿着橘色的粗布长衫。驼背上驮着小米、甜瓜、芝麻等农产品。我记得小时候，我妈妈也种这些。我得知克里希那没上过学，他不识字。但他在家照顾骆驼、种粮食，用黄土、木头、稻草盖房。他的妻子挤牛奶，做黄油和酸奶，喜欢唱歌，照顾着他们的两个孩子。克里希那热情地讲着这一切，他的生活简单但快乐。

"你从哪儿学到这么多本领?你不想上学吗?"我问他。

"我从我父母那儿学来的,当然更多是边做边学。大自然是我的学校,自然是我的老师。我随时向大地学习。"克里希那答道。他表现出纯然的农民智慧,他讲起来的样子就像我的妈妈。和克里希那走了一路,我活了过来。

"你怎么向大地学习?"我追问到。

"听大地的声音,四处看。看,这些沙丘,它们不停地转换、移动、变化,从来不会一成不变。这看上去荒凉的大地,雨季到来就会长出小米和甜瓜。我爱这大地,月光下的每粒沙都闪着银光,美丽吉祥的原野啊!"

克里希那的话简直让人听不够。

我们到了勒登格尔。在路上我已经平静下来,同时我自己也向往和克里希那一样平凡,他使我思考,我是谁?白色长袍能定义我吗?我仅仅是个出家人吗?名字能指称我吗?除了我的外表和长袍,我还有什么?突然间,我看到了一束清朗的光。我对自己说:"我自由了,我看见一只鸟从我身体的桎梏中飞了出来!"

我自由了!

是的,我的肩轻松下来了,重量不见了!

我回到了雨季时的住处,那里还住着两位僧人。我们关系很好,我想告诉他们我的想法。我们一起聊了好几个小时,让我惊喜的是,他们也想摆脱这些戒律。我们三个决定离开。几天后,我说服一位女弟子帮我们准备一些便服以及前往德里的火车票。

那天午夜过后,当镇上的人都睡着时,街道没入夜色。我们逃离了修行的清规戒律,逃出了自己选的监狱。内心五味杂陈,叛逆和感恩同时涌上心头。图尔西大师给了我那么多爱,那么多教诲,付出了那么多心血。但是现在我必须找到我自己内在的上师,余生不再依赖图尔西。我不再寻求征服死亡,我想拥抱不确定的、进退两难的、挣扎的生活。

当然,图尔西大师非常伤心,认为我背叛了他。妈妈也对我感到失望,愤怒之下,不再理我,断绝了和我的一切关系,不让我进门(在第十章我会细说)。但事实证明,这一切其实是变相的祝福。我想起梦中甘地的话语,灵性的修持在俗世之间,在日常生活之中,在每个想法、每个行动和每句话里。

我躲进了位于菩提伽耶的一个精舍,那儿离佛陀开悟的菩提树很近。这是一个用于人们筹办灵性活动的地方,对我来说,这里是个完美的地方。我不是要逃离灵性修持,而是想从凡俗与神圣的对立中解脱,使我与世界重新合一。

精舍的创立者维诺巴·巴韦是甘地的密友,他教导人们灵性存在于物质之中,物质反过来又显现灵性,物质和灵性不可分割。灵性不存在于信仰体系,不是一种教条或学说,灵性是一种生活方式。宗教与仪轨、经籍与庙宇可能有助于人们打开众妙之门,但我们不应囿于这些事物,被形式教条束缚,而是应在日常生活的寻常和简单中感受生命的灵性。为此,我们要与我们自己、我们的同伴以及大自然和谐共处。

维诺巴的话是我听到的最美的音乐。这下子我就是无名之辈,无人须向我鞠躬,我亦不用扮演圣人,我从虚荣中解放出来。九年之后,我又脚踩大地了!我在花园和厨房里工作,笨手笨脚,可是感觉很好,我呼吸着自由的空气。

僧人的经历让我处在窒息与自在的矛盾中,我放下家人、学校、朋友,丢下妈妈出家。九年中身无分文,没有家、没有财产的生活让我学会放下的艺术。我从欲望中解脱出来，从不觉得匮乏。作为僧人，我知道恐惧源于自我、愤怒、贪婪和傲慢，所以我必须放下恐惧，信任未知。感谢上师给予我的礼物，现在我很高兴我能毫无恐惧地活在人间，而不是活在教规的庇护下。我经历了人生中最大一次转折。

我在精舍中学习到印度教传统中生命的四个阶段：第一个25年是为人生打基础的学习阶段；在第二个25年中要实践所习得的技能和知识；第三个25年要把自己贡献出来服务社区和社会；而第四个25年，也就是在最后的人生阶段，要通过冥想、反思，放下物质和情感的牵绊，追寻内在真实的自我。对我来说，这个理想的人生模型非常珍贵，一直指导着我的行动。

做僧人时，我学会了行走、禁食、思考和冥想的艺术，在菩提伽耶的精舍，我学会了动手制造的艺术——煮饭、园艺、纺线、做衣服。在维诺巴那里，我学会了做事即是冥想，行走也可以入定。

维诺巴是和平主义者，发愿带来一个大同王国。他徒步10万英里，每到一处，都请求地主把土地分享给穷人。我后来也成了一位和平朝圣者，徒步 8 000 英里到有核国家，希望终结核武器军备竞赛。在那两年半时间里，我意识到朝圣既是现实行为，也是对生命的隐喻。做一个朝圣者就是在各种环境下都能活得轻松简单，同时拥抱生活中遇到的各种困难和不开心。虽然我也多次到宗教圣地和名山大川朝拜，但更深层的真相是，生命本身就是朝圣之旅。

> *简单是极致的复杂。*
> *——列奥纳多·达·芬奇*

第二章

行路，很简单

所有真正伟大的思想都是在走路时想出来的。

——弗里德里希·威廉·尼采

我九年的耆那教僧人生活是以持戒和平度过的，耆那教对和平有着深刻而广大的定义。耆那教从诞生之初到今天都是印度最坚定的和平倡导者，他们的态度和修行中都体现着和平。他们不时地被贴上极端非暴力的标签，因为他们甚至连蚊子都不会打死，更不要说其他动物和人类。耆那教接受小孩子剃度成为僧尼，我就被我们伟大的耆那古鲁图尔西所吸引，以至于我九岁时说服妈妈让我出家追随耆那教的脚步，遵循上师关于和平的教导。

我当了九年的出家人，那是一段体证和平的时光。最重要的训练是赤脚走路。九年里，我没有骑过动物，所有的路程都没借助过汽车、火车、轮船、自行车和飞机。我赤脚行走几千英里，穿过沙漠和丛林、高山和草原，历经严寒酷暑。我没有家、没有钱、没有备品、没有财产，每天只吃一顿饭，乞食讨到什么吃什么,不留饭给明天。我只带我随身的东西。行走的意义不是从一个地方到另一个地方,不是抵达某处。行走本身就是一种简单式的冥想与修行。

僧侣的身份让我实现内在的和平。"如果你心中不平,你如何能带来世界和平?"我的上师问,"和平不是你想什么或说什么,而是你是什么。心怀和平才能缔造和平,你不能把牛奶的营养、洁白,以及流动分开来看,它们是浑然一体的。简单地说,思想、语言和内在和合为一的时候,就像太阳发光一样,你就会散发出和平的光芒。"

18岁时,我结束了托钵游行的生活,加入圣雄甘地的追随者维诺巴·巴韦发起的和平社会运动。就这样,一个年轻僧人对于和平的理解从灵性扩展到社会的维度。"只要这个世界当权者压迫无产者,富人剥削穷人,世上就不会有和平。"维诺巴解释说,"印度从来没有真正地从英国殖民的统治中解放出来,只要地主们过着奢侈的生活,而无地的苦力们忍饥挨饿挣工分,和平就无望。"

凭着这样的信念,维诺巴走到一个又一个地主家中,求他们用良知回应社会公正的政治号召,不要等到武装暴动或政府立法才开始行动。他建议地主分享土地给他的邻居,以谋求大家共同地和平相处——以献地运动奠定政治和平的基础。

我遇到维诺巴时,深深地被他所感染。我没有土地可献,但我愿意为这伟大的事业献出生命。维诺巴和我一样喜欢走路,无论荒乡僻壤还是人心,吉普车到不了的地方人能走进去。我走过上千里路,脚变硬了,肌肉变结实了,信念是坚定不变的,我准备好了。

"我怎么劝说地主贡献出他们最珍贵的财产——土地呢?"我问维诺巴。

"告诉他们,如果他们有五个孩子,就把维诺巴当成他的可怜的第六个孩子,最弱最穷的那个孩子,把六分之一的土地分给他。如果印度六分之一的土地重新分配给没有土地的农民,大家就都有活路了。"

"这太理想化了,维诺巴!"我提出抗议,"人们对土地的看法是根深蒂固的,土地是属于我的,是我从祖先那里继承来的,我凭什么要给出去?"

维诺巴说:"土地怎么可能是属于某个人的?它是属于大

自然的。空气是你的吗?那水是谁的?阳光又属于哪一位?我们不能声称我们是这些自然元素的主人,我们只是与它们共存。"

维诺巴继续说道:"如果我们不去献地,有一天这些无产的穷人不再忍受了,我们想要一场暴力革命吗?是不是以一种合情合理、平和的方式会更好?"

带着这些令人振奋、心悦诚服的想法,我同和平运动的伙伴们决定一起去找一位拥有2 000亩上好稻田的地主,他也是印度教的一位长老。

但是,我们怎么才能和他见上一面呢?

我对寺庙事务处的办事人员说:"请告诉大长老,维诺巴有口信要传给他。"

办事员皱着眉头,给我们倒了杯水。他们知道维诺巴不是普通人,他不仅是激进的土改者、和平运动家,同时还是极具声望的学者,他将印度最伟大的经典之一《薄伽梵歌》译成多种语言,销量百万。可我们还是被大长老拒绝了。

他不是没时间见我们,而是不愿意接受献地的想法。我们被拒之门外,没机会去向他阐明我们的愿景、价值和通过和平手段土改的理想。

我们该怎么办呢？

第二天一大早，我们12个人带上了标语来到庙门口等着大长老，标语上没有过激的口号，上面印着我们的愿望：我们想见大长老！

看见吉普车开过来，我们就过去堵住了庙门，车被我们围在中间，动弹不得。吉普车没有车门，所以也就没什么拦在我们与大长老中间。

"你们想要什么？"大长老问。

"我们想请您接见我们。"

"可我很忙！"他答道。

"可穷人们很饿！"我们说。

"那我给他们安排吃的！现在，让我走！"

"但他们明天还是会饿！明天的明天，他们仍然饿着肚子。您能给他们多长时间吃的？我们想做让他们养活自己的事儿。"

大长老陷入了沉默。

"我知道你们想要什么，你们想让我献地。"他说。

我们向大长老祈请。"对，是这么回事。这样，饥饿的穷人就能养活自己，不会再来打扰您。您会得到心灵的安宁和邻居的祝福。人们会报答您，您也会收获功德，得到好名声以及人们的赞扬。当您对一无所有的贫民施以善良与慷慨，您自己也会特别开心！"

"我得和委员会商议。你们为什么不筹款买地呢？那我肯定给你们捐钱，我可以捐1 000卢比，甚至5 000卢比。这岂不是更好？我想我们不会捐地的。"大长老告诉我们。

我们很高兴与大长老的对话发生在寺庙大门口，街上的人慢慢围过来，寺庙的办事人员看上去开始担心了。

"请让开，大长老必须要去赴约了。"一位工作人员说道，但是没人理会。

我对大长老说："在我们的国家里，成千上万的人没有家、没有土地、没有活路。我们能筹到多少钱给成千上万的人买地呢？所以维诺巴提出方案，把土地作为礼物。他说钱是问题，不是答案，礼物才是答案。送礼物对施者和受者都有益。"

"让我想想。"大长老说。

"我们明天早晨再过来,好吗?这样您可以有一天时间考虑。"我说,"我们不是为自己要什么东西。维诺巴没有自己的家,他住在精舍,为穷人四处奔走。所以,把土地交给维诺巴,让他交给穷人,对您自身来说是与那些无地、无农场的苦工一样有益的。请记得维诺巴说的,土地不属于我们,而我们属于土地。当我们去世时不会带走土地,而是复归于土地。这就是为什么维诺巴说,你和工人之间互相分享、互相关照,大家都会获得幸福。"

我突然发现自己处在一个奇特的位置上,我在提醒印度教大长老关于印度教最高的理想。

他笑着对我说:"好的,明天早上来见我。看我们能做些什么。"

我们鼓起掌来,每个人都鼓掌庆祝。昨天,我们希望大长老能够私下接见我们。今天,我们非常公开地会谈,事实上这对我们更有利。

第二天早晨,寺庙的办事员友好多了,我们一到就给我们端茶倒水,我们也很快就见到了大长老。我们还没开口,大长老先说道:"我知道维诺巴是个伟大的人,对于穷苦人充满了使命感和慈悲,请把这张便条带给维诺巴。"

便条上写着:"我们希望献出 120 亩土地捐赠给维诺巴,以便在没有土地的人中重新分配。请安排你方人员与我方工作人员一起进行准确的测绘,并进行标记。"

轻而易举的成功,让我们高兴得上了天。

献地运动在全印度遍地开花。从 1951 年到 1971 年,人们用类似的方式捐给维诺巴 400 万亩土地,这是最棒的社会运动。那些年里,维诺巴用他的双脚丈量着印度的大地,无论东西,无论南北。从克什米尔到喀拉拉邦,从果阿到阿萨姆邦。我很幸运,一直追随着维诺巴,和他一起走,一起工作。

1961 年的一个早晨,我和朋友梅农坐在一间咖啡馆里吃早餐。梅农出生在南印度的喀拉拉邦,我们是甘地运动中的亲密同事,也一起追随维诺巴四处奔走。他是热衷于政治变革的社会活动家,也是托尔斯泰的忠实读者。当时,维诺巴委派我们两人在班加罗尔筹建精舍。班加罗尔是商业文化中心,凉爽宜人的气候、咖啡馆和餐馆使其闻名遐迩。在这里建立精舍,培训并激励更多像我们一样的青年社会活动家,让我们深感荣幸。

就在这天,我们读到一条新闻,永远改变了我们两人一生的轨迹。在等咖啡的时候,我们从报纸上得知一位90岁的哲学家,同时也是诺贝尔文学奖获得者,他在英国因为抗议核武器而被捕入狱一周。这则新闻让我们深感震惊,尽管我已献身和平主义与非暴力路线,但是得知这位西方老者、哲学家为了他的信仰,践行甘地的非暴力主义,不惜入狱,我还是很吃惊。

这位老者是英国和平主义者伯特兰·罗素勋爵,为了支持这位富有勇气与信仰的哲人,我们觉得一定要去做点什么,可是做什么呢?我们得知罗素与上千万抗议者举行了反核游行,从奥尔德马斯顿(英国村庄,研究核武器的机构所在地)步行到了伦敦。一个念头突然跃入脑海:为什么我们不能从德里出发,步行去莫斯科、巴黎、伦敦、华盛顿——当时那些有核国家的首都呢。

"哇哦!"我们找到了鼓舞人心的方法——步行去世界四个拥有核武器的首都,我们为自己的这个想法激动不已。

我们飞往阿萨姆邦,维诺巴正在那里为献地运动奔走,要找到他并不难。他的一举一动都躲不过报纸和收音机,没人不认识他,谁都知道他在哪里。他不仅仅是小镇的话题人物,也是整个阿萨姆邦的话题人物。

我们在一个偏远的村子追上了维诺巴,他刚刚走了十几英里到达这里。看见我们,他说:"什么风把你们吹来了,太意外了!你们都好吗?班加罗尔的事情都顺利吗?"

我们忐忑不安地报告了精舍的进展后,告诉维诺巴我们此次前来是专门来请求他的许可、支持和祝福的,因为我们决定要为世界和平从事反核行动。

维诺巴是真正的圣人,无私、理性、镇定。"有意思",他说,"你们要一路步行吗?你们决定走哪条路线?"他让我们拿出地图给他看我们要去的这些国家,我们就可选的路线讨论了很长时间。最后,他突然把地图推到一边。

"是的,我将为你们祝福!我给你们两样武器来保护你们上路。一、你们是素食主义者,一定要保持吃素;二、你们要一分钱都不带地出发。"

我俩目瞪口呆。

"我们能理解要一路吃素,可是维诺巴,您让我们不带钱,真是一分钱都不能带吗?如果我们想买杯茶或打个电话可怎么办?"

维诺巴教我们:"你们是像国王一样带很多钱上路,还是像苦行僧一样一分钱都不带地启程呢?"他大笑着说:"战争源于恐惧,和平生于真正的信任。作为真正的和平主义者,口头上说和平是没用的,你要做出来,要把信任放在内心开启这趟伟大的旅程。信任他人,信任宇宙之道,一切都会好起来的!"

可是我们还是忐忑不安,"我们当然信任他人,但是,如果我们随身带点钱,路上是不是更方便?"

维诺巴把不带钱上路的理由告诉了我们:"当你们走了很长的路到了一个地方,会觉得疲惫不堪。如果身上有钱,你们会进餐馆吃顿饭,再找家旅馆留宿,第二天再出发。可如果你们没钱,你们就不得不去找那些好心人让你们过夜,他们给你们吃的,你们会说自己只吃素食,他们就会问为什么。这样一来,你们就可以开始谈论和平了。"

维诺巴是我的上师,信徒无条件地臣服于上师的教导和智慧。不管怎样,我曾有九年时间的耆那教徒经历,一直身无分文,我比梅农更有心理准备。不过梅农很勇敢,他说:"好,就如此开始这朝圣之旅吧。"

带着维诺巴的祝福,我们去了位于新德里的拉吉加特陵园——圣雄甘地的墓地,从那里开始了朝圣之旅。不光没带钱,甚至没有护照。当时印度政府要求我们付 20 000 卢比押金,万一被遣返,这笔押金将用来支付这笔费用。这对我们是一个很好的考验——印度政府是否会相信我们,给我们发护照?印度报纸报道了我们朝圣的故事,一名议员向总理尼赫鲁提出质疑:"为什么和平朝圣者被剥夺自由公民权,不能持有护照,被限制旅行?"

尼赫鲁先生彼时不仅是总理,还兼任外交部部长。我们把计划告诉了他,得到了他的鼓励和祝福。他动用了个人的影响力,让我们省去了烦琐的官僚程序,在从巴基斯坦边境出关的前一天我们就拿到了护照。信任获胜了!

我们拿着护照站在印巴边界准备出发,35 位朋友来为我们送行,有男也有女。大多数人都对我们的事充满了热情,不过有一位女性朋友却很担心。

"我的朋友,你们疯了吧!走着去巴基斯坦?我们在和那个国家打仗,他们是我们的敌人。你们没钱,没吃的,全凭一双脚,你们的安全怎么办?"她尖刻地说,"别理会维诺巴,至少你们得带着吃的上路。请带上这些吃的,在找到好心人之前能垫补一下。"

这可真是个考验,我想了一分钟,回想着维诺巴的话,对我的朋友说:"多谢你的好意,但这食物袋里装的不是食物,而是不信任。我怎么对容留我们的巴基斯坦朋友说呢?对他们说:'我们不知道你们会不会接待我们,所以我们自己从印度带了用来路上吃的'吗?请您理解并原谅我们要拒绝您的好意。"那位女性朋友听完眼泪流了出来。

"为什么要哭呢?我的朋友,请赐予我们你的祝福!"

"萨提斯,这可能是我们最后一次见面了。你要途经伊斯兰国家、资本主义国家,还要穿过沙漠、丛林、山脉、雪暴,没钱没吃的,无法想象你怎么能经历这重重磨难。请活着回来。"我的朋友已然泣不成声。

"别担心,我的朋友。如果我在和平朝圣的路上死了,这是我最好的死法。从今天开始,我为和平而行脚,无惧死亡与饥饿。如果有哪天我没吃的,我就把它当成斋戒的机会。

如果有哪天我没住的,我就把它当成睡在群星旅馆的机会,我确信那比五星级酒店还好!"

即便是这样的玩笑也无法安慰我的朋友,她紧紧地拥抱着我,啜泣着,但她同时意识到她无法阻止我。无论是生还是死,我和梅农决意要走。

令人出乎意料的是,我们刚一踏上巴基斯坦的土地,一位年轻人追上我们热情地问:"你们是那两位到巴基斯坦的和平行者吗?"

"对,是我们!不过你是怎么知道的呢?我们在巴基斯坦谁也不认识啊,和你们国家的任何人也没有书信往来。可是你好像知道我们,这究竟怎么回事?"

"你们人还没到,名声已经传开了。我是在本地的报纸上读到的,也听其他见过你们的印度游客说起你们的故事。当我听说两位印度朋友双手捧着友谊而来,我深受感动。这些日子我一直在找你们,我也向往和平。'印巴应该兵戎相见'真是一派胡言。"

这位陌生人继续说:"1947年前,我们是一家人。除了做邻居和朋友,我们还有更好的选择吗?所以我来欢迎你们!"

他的话犹如美妙的乐声在我们耳边响起，我对他说："谢谢您！您的心胸开阔、思想开明，和平不可能是心胸狭隘的人创造的。如果我们只把自己当作印度人，我们只能遇到巴基斯坦人。如果我们只把自己当作印度教徒，我们只能见到穆斯林。但是我们作为朋友而来，所以遇见了另一位朋友。"

我继续解释道："身为印度教徒、穆斯林，或者印度人、巴基斯坦人，这是我们的第二身份，作为人类社会和地球居民的一员，才是我们的第一身份。"

这位年轻人名叫古拉姆·亚斯汀（Gulam Yasin），他给了我们一个热烈的拥抱，并把我们带回家。五分钟前我的朋友因为担忧我们而哭泣。但就在片刻之间，我们在这里和一位巴基斯坦的朋友拥抱在一起。这个场景串联了此后我们在巴基斯坦的日日夜夜，并一次又一次地重演。人们一再宣称，战争不是印巴之战，也不是印度教徒与穆斯林之争，而是政客之间的权力之战，武器制造商之间的利益之争。

无论我们是走在巴基斯坦平原，还是走在开伯尔山口的高地上，无论我们是被拉瓦尔品第的扶轮社成员还是被巴基斯坦精神抖擞的帕坦族人招待，大街上的普通民众有着共同的心声——别再浪费我们的财富与智慧打造仇恨的武器，去为那些在田野、工厂、学校和医院里的人们做些事，提升人们的福祉与和睦。

虽然一路上走得脚起水泡，但在穿越阿富汗的群山、伊朗的沙尘暴以及阿塞拜疆郁郁葱葱的葡萄园的整个旅程上，我们得到了所有人发自内心的慷慨与祝福。事实证明，身无分文非但不是障碍，反而是一种祝福。当人们意识到我们放下了对钱的依赖，为和平朝圣时，反而更加愿意帮助我们。

里海的清凉宁静、亚拉拉特山的雄伟壮观、亚美尼亚的丰美果园，以及格鲁吉亚墨绿的茶园都和这些国家的人民一样欣欣向荣。我在旅行传记《没有终点》（*No Destination*）中曾描述过性本善带来的转化经历，我还想再讲一遍"和平茶叶"的故事，这是我们朝圣之旅的高光时刻。

黑海在左，高加索山脉在右，我们在中间日复一日踟蹰前行。"我们真能达成心愿吗？"我问同伴梅农，我的声音里充满着绝望。

"你心情不好吗？"他问我，"记住，这只关乎行动而非结果。来，打起精神。"

梅农的话让我想起泰戈尔那首传唱的歌：

如果黑暗中你看不清方向
就请拆下你的肋骨
点亮作火把
去照亮你前行的路
…………

泰戈尔的话对我有帮助，可还是不能完全打消我的疑虑。然而就在这时，我注意到两个年轻女子正站在太阳底下享受阳光，我发给她们一张俄文写的传单，上面有我们和平行动的目的和路线图。其中一人说："我在收音机里听过你们的故事，真巧今天竟遇到你们了。你们真是从印度一路走过来的吗？"

"是的！"

"我们这里的拉斯普金（Rasputin）步行去了印度，您这是礼尚往来，走回来吗？"

"您可以这么说。"我们用我们所学有限的俄语回答。我们正准备起身离开时，其中一位女士说："我们在茶厂工作，现在是午休时间,您愿意到我们的食堂喝杯茶,给我们讲讲你们路上的事儿吗?"

"当然,随时都是喝茶的好时候。"我们说。

我们跟着她们回到了工厂,把背包放在地上,开始喝茶,整个人也放松下来。苏联工人看见从印度来的陌生人感到很新奇,陆续围到我们周围,并且拿来了饼干和面包。我和梅农高兴地坐下来,享用美味的茶点,回答他们接连不断的问题。工人们有无穷的好奇心,虽然这里地处偏僻乡村,但他们对和平的关心,对军事核武器滥用资源的愚蠢行为惊讶万分。当我们对裁军展开深入讨论时,我们初遇的两位女性中的一位灵机一动,跑了出去。不一会儿她拿着四小包茶回来了。

"我有个特别的请求",她说到,"把这四包茶叶送给四个有核国家的领导人。我见不到他们,但我想请你们作为大使把'和平茶'的信息带到,第一包给我们克里姆林宫的总理,第二包送给爱丽舍宫的总统,第三包给英国首相,第四包送给美国总统。"

听完她的请求,房间里鸦雀无声,多么富有想象力的礼物!

"请您送茶叶时,捎上来自黑海小厂的口信:这不是普通茶叶,是'和平茶'。当你产生按下核按钮的疯狂想法时,请稍候片刻,喝上一杯刚泡好的'和平茶',让你们有机会三思,核武器不光杀死敌人,它还会戕害所有男人、女人、孩子、森林、小鸟、湖泊。简而言之,生灵涂炭。好好想想,不要按下按钮。"

"哇!"我说,"多好的信啊!"

我告诉梅农我的惆怅已烟消云散。

不论山高水长,我们都会把这些"和平茶"送到她所想到的地方。我们感谢她给了我们这么特殊的使命,"我们非常荣幸能成为您的和平大使。"女人的脸更加明亮起来,那么优雅、美丽,充满了魅力。她拥抱了我们,在场的人纷纷鼓掌。这是我们有过的最好送别。

经历了艰难险阻,我们终于到达了莫斯科。尼基塔·赫鲁晓夫总理给我们写了一封热情洋溢的信,但遗憾的是他不能接见我们。我们被邀请到了克里姆林宫,并把"和平茶"交给了最高苏维埃(Supreme Soviet)的斯皮里多诺夫(Spiridonov)先生,他答应把茶叶交到总理手上。

克里姆林宫的富丽堂皇令人印象深刻,但是斯皮里多诺夫在接受"和平茶"时所说的话则让人疑虑:"我们的总理和政府已经向西方势力提出诸多保卫和平的提案。很高兴你将把信息带到西欧和美国,这是你们努力的真正意义。"就这样,他把责任推给了别人!

我们从莫斯科出发,蹚过厚厚的积雪,穿过俄罗斯的城乡,走过白俄罗斯、波兰、德国和比利时的城市与乡村。从印度走到莫斯科花了十个月时间,我们又花了六个月走到巴黎。我们希望见到戴高乐总统,但所有的信件和电话都杳无音信。于是,在法国和平工作者的支持下,我和梅农来到了爱丽舍宫门口,希望能见到总统或者他的代表。但是卫兵、官员和警察都驱赶我们离开,因为在爱丽舍宫门口示威甚至集会都是非法的。由于我们拒绝服从他们的命令,我们被捕入狱,并被威胁遣返回国。最终,经过印度大使三天的斡旋,我们得到允许,把"和平茶"交给了巴黎警察局局长,他答应把茶叶带到爱丽舍宫。某种意义上,我们对被捕入狱的经历感到高兴,因为我们的和平行动由此真正追随了伯特兰·罗素的脚步。

我们在法国朋友的帮助下乘船渡过了英吉利海峡,然后从多佛步行到伦敦,希望能与哈罗德·威尔逊首相见面。我们又一次被"首相太忙"的理由拒之门外,不过他请前任首相艾德礼勋爵(Clement Richard Attlee)与一位外交部官员作为代表和我们会面,并让后者代表他接受了"和平茶"。艾德礼勋爵在上议院接待我们时说:"亲爱的朋友们,放心吧,没人会真正使用核武器,这只是一场表演。"他大笑,但是这位矮小、瘦削、和蔼的政治家所说的话也不能让人信服。

"既然如此,我们为什么要在这些玩具上浪费时间和资源,而世界上那么多人在忍饥挨饿,没有足够的学校和医院,为什么要让孩子们生活在恐惧中?"

"这是政治,年轻人,是政治!"他回答到。一位退休的政治家如此言之凿凿是正常的。但他也确实承诺这包茶会被带到唐宁街10号的首相官邸,并在那里获得"一席之地"。

我们还见到了伯特兰·罗素。那是令人振奋和鼓舞的时刻,我们聊了很长时间,讲一路上的惊险故事。罗素勋爵端来了茶和点心,说:"要喝茶,不要打仗!"

在多个英国和平组织的经济支持下,我们乘坐玛丽女王号横渡大西洋,抵达纽约,步行到华盛顿。林登·约翰逊总统请他的特别助理布鲁克斯·海斯（Brooks Hays）先生在白宫接待了我们。与克里姆林宫相比，白宫没有那么富丽堂皇，但是更新派，而政治却并无大差。

虽然约翰逊总统的特别助理在交谈中流露出了一些不理解，让我怀疑哪里还有什么和平的希望。但不管怎么说，他们最终还是收下了"和平茶"。

黑海边的茶叶工人希望我们成为他们的和平大使，我们也尽力了。兴许是"和平茶"到现在还起着作用，核战争没有爆发。但愿世界永远都不会发动核战争。然而，核弹依然存在，只要核弹存在，我就会继续为之奋斗，这是我作为一个和平主义者的承诺。

在徒步 8 000 英里，穿过 15 个国家后，我意识到和平是一种心态和生活方式。我从成为耆那僧人开始探索内心和平，随后投身献地运动寻求政治和平，接着呼吁核大国通过单方面裁军寻求世界和平。在这个过程中，我意识到我是被地球所承托的，被自然所滋养的，并由河流、森林、鲜花和荒野作为生命的支点而维系的，只有我们与地球和平相处，内在和平与世界和平的蓝图才能实现。

通过徒步走过各大洲，体验现代文明的运作方式，我得出一个结论：人类在与自然开战。在路上，我看到了欧美工业化农场滥用自然资源的生产；砍伐森林；在海洋中过度捕鱼；农药、杀虫剂、除草剂毒化着大地；排放大量温室气体。这一切都改变着人类赖以生存的环境。这一切都是对地球的荼毒！因此，我不再仅仅是一个和平主义者，而是成了生态主义者！我不仅仅是和平朝圣者，更是地球朝圣者。我践行的方式是追求内在和平、世界和平和绿色和平。

一个基本事实是：有限的星球无法承受无尽的消耗、污染和浪费。因此，简单生活是和平的呼召。即使资源充足，无止境的经济增长也会造成不必要的纷乱和物质过剩的负担，人们称其为高水平生活，并通过战争来维护这些标准。然而在现实中，这其实是战争经济，是通往幸福、舒适、和平、自由生活的严重障碍。所以，简单生活也是人类的精神之所需。

> *无论本质还是风格，极简就是卓越。*
> *——亨利·沃兹沃斯·朗费罗*

第三章

生命是朝圣

--- ❖❖❖ ---

信仰不是依附神明,而是绵绵不绝的心灵朝圣。

——亚伯拉罕·约书亚·赫施尔

当我在西藏冈仁波齐峰朝圣,沿着遍地石头、陡峭的山地到达海拔 18 500 英尺①时,脚下已是冰滑的冰川。关于朝圣,几乎没什么是可以计划、确定和预测的。当困难出现,就欢迎困难;当面临麻烦,就接受麻烦。而这些问题是一个个让人发挥自身创造力、想象力的机会。它考验着我们的韧性,看我们是否对宇宙充满信任。

如果一切都事先计划好,提前定好酒店,导游与出租车随时待命,我们的想象力就如同装进了一个匣子,无法施展。就好像我们有一个行李箱,里面装满了漂亮衣服,却从来没有机会去穿,那这些漂亮衣服还有什么用?同样的道理,如果我们没有机会去使用我们的韧性和信任,那么我们就会错

---

① 1 英尺 ≈0.3018 米。——译者注

失生命中重要的部分。面对困难，一个朝圣者会问："我如何解决这个问题？宇宙给了我一个谜，让我平静地解开。"朝圣者并不希望有一条平坦的道路，特别是走路的时候，他们更愿意打赤脚。

人们一般会去圣地朝圣，我也曾经如此。但我逐渐认识到朝圣的真正意义在于从依附、习惯和偏见中解放出来，从身心杂物中解放出来。我从外在的朝圣之旅中收获到了内心朝圣的启示，我发现自己一直在路上。生命是一段旅程，我想以朝圣者的身份走过一生。

有两个人实现了我内心的朝圣，他们是耆那教创始人马哈维尔（Mahavir）和"印度国父"甘地，他们过着极其简朴的生活，从不惧怕困难。他们相信困难和痛苦是一种净化方式。马哈维尔生为王子，后来出家，放弃了全部财产。他的信徒们希望他能到他们家中，希望奉食给他，因为这是莫大的荣幸。由于乞食变得如此容易，马哈维尔想知道，"怎么才能让我难以获得食物？"他相信只有经历和体验过困境，才能克服对它的恐惧。

于是他做了一个实验。据传，他发下誓言："我只接受公主给我的食物,她的父亲必是战败者,她必在市场上被卖身为奴。这位公主给我的食物只能是煮豆子,其他都不行。还有,她的脚必是被锁住的,眼里含着泪。只有如此,我才会接受食物。"

你能想象这样的事吗?设置了这么多的障碍,他不希望路上的绊脚石被清光。于是他开始行脚,从一家到另一家,从一个村庄到另一个村庄,从一个镇子到另一个镇子,去寻找这样一位公主。他饿着肚子走了几周之后,路过地方的两个国王恰巧爆发了战争,其中一方败下阵来。胜利一方的士兵冲进王宫,抢走了珠宝、武器、衣服还有公主。他们说:"我们要把公主卖了,能赚一大笔钱。"他们真的把公主带到市场上当奴隶卖了。一位商人买走了公主,有一天他要外出经商,害怕公主逃跑,就把她的脚铐上,拴在门框上。告诉她:"如果你饿了,就吃点煮扁豆,明天我就回来。"

马哈维尔来到村子,路过商人家门口。他认出了带着锁链的公主,公主也认出了马哈维尔。她说:"在我不幸的时候,至少您,马哈维尔,伟大的圣人来过我身边,我是被祝福的。请您接受这些煮豆子吧!"公主高兴极了。马哈维尔看着她——这位公主——父亲战败了,在市场上被人卖掉,一只脚被锁着,只有煮豆子给他吃。条件几乎都满足了,除了一样,她在微笑。

"我不能吃。"马哈维尔想。

当他转身时,眼泪从公主的眼睛里流出来。她哭喊着:"连您,马哈维尔,也抛弃了身处不幸中的我。我本来想,您会接过我手中的食物,善待我、保佑我!"

马哈维尔转过身,看到她眼中的泪水。所有的条件都满足了!他在公主面前摊开双手,捧起公主给他的煮豆子。刹那间,天堂的门开了,玫瑰花纷纷洒落,公主脚上的锁链松开了。这位公主,也就是堪丹巴拉(Chandanbala),她和马哈维尔当下开悟,一起创建了耆那教。

不能从字面简单地理解这个寓言故事,这个传说的意义是说朝圣的路不是康庄大道,而是要历经险阻。生活在现代社会中的我们都在追求舒适,希望一切简单便捷,不愿意面对困难或是遭遇问题。这让我们变得懦弱,缺乏冒险精神、勇气、自信和对他人的信任。我们不愿冒险,缺乏在蜿蜒曲折的行进中找出道路的信心。我们忘记了黄金要经过烈火的淬炼才能变成珠宝。

圣雄甘地是另一位倡行简单生活的人,是朝圣者的典范,在他身上体现出了朝圣者的真正精神。他因为为人民争取自由多次被捕。1930年甘地抗议英国的盐税法,他说,"这是在对穷人征税,我要抵制这项税法,我们要免税制盐。"他从古吉拉特邦的精舍出发,向海边步行朝圣。他在制盐时,被逮捕带上法庭。法官问:"甘地先生,你知不知道你已经违法了,而且还煽动他人犯法,你必须受到惩罚。"甘地说:"大人,我是律师,我知道我触犯了法律。我认罪,请根据法律条文给我最严厉的惩罚。但我所触犯的法律不公不义,我希望修改这法律。"法官说:"好吧,甘地先生,我必须把你送进监狱。但我希望国王陛下的政府能尽快释放你。"甘地回答道:"大人,我会像新郎进洞房一样走进监狱,重点不在于是否释放我,而在于修改法律。"

甘地是一名圣徒,他走的是一条神圣的道路。他一生奋斗,不为赞誉与名声,更不是为了诺贝尔奖。他对个人成就和物质利益无欲无求。甘地遵循《薄伽梵歌》的教诲:"但行之,不问结果。"他就这样忠于朝圣者的理想,从自我中完全地解放出来。

朝圣的行为有其自身的内在价值。朝圣者是服务于地球，为自我实现而行动的人，其追求不是为了讨好别人。所有的困难、问题和不愉快都是他们朝圣的一部分。他们心里明白，即使是最深的欢愉也是转瞬即逝的。莎士比亚对此的表达极具智慧，他说："狂风摧残五月的娇蕊。""我能否将你比作夏天。"

现在是时候作为朝圣者而不是作为游客生活在这个地球上了。朝圣者接受生命和大自然的馈赠，因为是受者，每一刻都值得庆祝，无须抱怨。朝圣者遵循的建议是："我不能改变风的方向，但我可以调整我的船帆，驶向目的地。"

朝圣者欣赏阳光、雨水、鲜花和果实，也欣赏骤雨、狂风和霜雪。他们完全接纳生命。泰戈尔说出了朝圣者的理想，他说："云飘进我的生活，不是为携风带雨，而是为夕阳的晚霞增加一抹色彩。"朝圣者摆脱了期望的负累，没有期望，就没有失望。他们庆祝当下，相信宇宙有一个更宏大的蓝图，相信宇宙的进程。正如诺维奇的圣朱利安所说，"一切都会好起来，所有的事情都会好起来。"

去圣地朝圣是一种象征性的行为，帮助我们认识到生命的川流不息。朝着圣地走去，终究是为了明白真正的圣地在我们内在。内外合一，坚守与出发合一，外在的旅行启动内在的修行。

朝圣者带着庆祝和信任的精神参与到生命中，参与到转变中，就像马哈维尔和圣雄甘地那样。因此，朝圣者过的并不是被动的生活，而是主动的投身无私的行动和服务。

对我来说，美好与简单植根于朝圣的理念中。作为一个朝圣者，就是要同时培养外在的简朴和内在的单纯，后者为前者提供了重要的基础。

现在让我们来探讨一下简单与灵性的关系。

> *简难于繁，化繁为简必须历经艰辛，这终究是值得的。因为一旦抵达，你就获得了移山之力。*
> *——史蒂夫·乔布斯*

第四章

美而简

任何一个傻瓜都能把事情变复杂，而让事情变得简单则需要天才。

——E.F. 舒马赫

简单是一种用心的生活方式。从精神、感情、关系到家庭、衣服和食物等每一个方面，我们都需要问自己：我怎么才能使生活变得简单？

如今，置身于商业、政治和经济网络之中，生活已经变得非常复杂，这使我们不堪重负，时常焦虑，忧心忡忡。因此，我们要问自己一个重要的问题：怎样才能把我的生活变得简单？只要每天问自己这个问题，我们就可能找到答案。复杂的想法和念头在脑海中盘旋，困扰着我们。我们需要静下来，问问自己。我是否必须如此，还是我可以直面事物的核心？当我们与人交谈时，我们能否直奔主题？我们能否清晰简洁？因此，思想、语言和行动的简单是一个连续的过程，简单生活是一种精神生活。

物质上的简单并不意味着贫穷。简单生活和抛弃杂物并不意味着我们要过不舒适的生活。降低物欲，享受更纯粹的舒适是一种与生俱来的美。繁杂带来混乱，简单带来清明。简单是对节减的欣然接受。在日本，有一个美学概念——"侘寂"（wabi-sabi），意思是朴实无华、无我、谦逊。无需耀眼、华丽、炫耀、奢侈的东西，他们可以是粗糙的备料，可以是自然的，或小小的东西。侘寂就是一种实践美而简的方式，正如保罗·科埃略所说："当所有多余的东西都被断舍离，美就实现了。"

简单是一种美。当我们说话时，最好少言。日本的俳句是非常短的，伟大的诗歌不需要太多的字。简单、质朴、优雅、雄辩、有意义的词语才组成好诗。在梵语中，深刻的思想用简短的经文，甚至更短的咒语来表达。有时甚至一个字，如"唵"，就足够了。

在印度，我们有悦性食物（satvik）的理想，追求真实、简单和真理。悦性食物取自花园或田野中的天然食材，没有那么多包装。包装使事情变得复杂，超市便是十分复杂的。我们可能进去时只想买一两样东西，出来却买了十样东西。但是，如果我们去一个简单的商店或农贸市场，那里没有塑料（包装）、没有标签、没有标识、没有广告，只有简单的悦性食物。我们只把需要的食物带回家，带着爱和关怀来亲手烹饪。这样的食物吃起来健康美味，容易消化。

哪里有简单，哪里就有真切。简单的着装选择只受季节变化的影响。但是当你因为设计师品牌去买衣服时，你就失去了简单性。当你去一家高大上的时装店，你会为一件你在一家小店里同样能买到的衬衫多付一大笔钱。冲着设计师的标签去买，你是为名字和魅力买单，而不是为衬衫买单。这种为自我不为身体的着装，实际是在作势。

购物往往成为一种惯性，这种惯性让我们必须努力工作，赚更多的钱，买更多的东西。可最后这些东西往往被束之高阁，忘在脑后。

如果我们同时在内心的简化上下功夫，实现外在的简单会容易得多。思想和心智的简单，将减少对物质的渴望。简单思想状态的对立面是被名利、声望和对权力的野心所占据的内心。个人至上让我们的生活和思想变得复杂。我怎么才能得到权力？我怎么才能成名？我们被这类问题牵缠着。

简而谦，谦逊带来正确的关系、正确的沟通、正确的理解和正确的欣赏。这都是心的品质。如果我们不愿意生活变得复杂，那么我们就必须转念，从自我（Ego）转向生态（Eco）。自我是分离的，生态是联结的。自我使人复杂，生态使人简单。生态意味着"家"，正确的关系在这里得到培育。当我们被困在自我中时，就会与他人断开联结。

让身体、物质、心理和精神各个方面美而简才是解决之道。当我们在各个层面上使我们的生活变得简单时，我们就能生活在自在之中。清理情感、精神和物质上的杂乱是自由的关键。

现在甚至有一个国际"简单日"（National Simplicity Day），它在每年的7月12日，号召人们"放慢脚步，简化我们的生活"。支持者们建议大众"从放慢脚步开始，融入自然，享受生活中的简单事物，清理杂物，并努力实现平衡。一旦你做到了这一点，你就可以享受到减压的乐趣和简单的生活方式的益处"。

我们可以向大自然学习简单。一粒种子种下去，土壤、雨水和阳光就会共同工作，种子长成树，树生出根、茎、叶、花和果实。秋天来时，落叶归根，给土壤提供营养。冬天，树休息、睡觉、冬眠。当春天再来，繁华再来。树没有野心，树不想成为比这更复杂的事物，树只想成为一棵树，仅此而已。一棵苹果树只想成为一棵苹果树，并为成为一棵苹果树而喜悦。它不需要更多或更少，无论它是什么，它就是它自己。在我们的生活中，我们也可以做自己，没有野心、焦虑、自我或欲望，不为我们所不是的东西而奋斗。

我们不断追问莎士比亚的哈姆雷特疑问："生存还是毁灭（To be or not to be）？"答案是泰然任之，做我们自己。我就是我自己。自我发现是一个走向简单的旅程，是一个通往源头的旅程。从源头开始，水流动起来，形成支流。家人、朋友、同事都汇入进来，一切都汇入生命的大河。如此简单而富饶的生命。

灵性帮助我们变得简单。物质主义是复杂的。物质主义关乎囤积和占有。生命由财产来判定。国王和皇后有宫殿和城堡，有大量的土地和仆人，他们很难过上简单的生活。同样，许多新贵、亿万富翁的生活也很难简单。他们房产无数，工作人员和顾问众多。但他们压力巨大，不能真正做心中向往之事，往往被财产所困住。当奥巴马总统离开白宫后，他可能有更多的自由去做他想做的事，说他想说的话，写他想写的东西。在他成为总统之前，他写过一本精彩的书——《无畏的希望》(The Audacity of Hope)。但是当他成为总统，他就失去了那样的胆量和愿景。

如果我们去看耶稣基督、佛陀、圣弗朗西斯、特蕾莎修女、马丁·路德·金和圣雄甘地等精神领袖，我们会发现他们的灵魂都是自由的。他们的生活非常简单。圣雄甘地身缠自己纺的腰布，冬天只有一条披肩，夏天则是半裸。他乘坐火车时也总是选择三等座。有一次，有人问他："甘地先生，你为什么坐三等座？"他回答说："我坐三等座是因为没有四等座！"他是一个伟大的榜样，他用自然、平易、简单的方式与人相处。做平凡的人是我们在生活中能做到的最不平凡的事。做普通人，让我们放下自我，放下让别人敬佩我们的欲望。我们不依赖外人的评判。如果有人评判你或指责你，那是他们的事。如果他们认为，你没有大房子或豪车，你不够成功，那只是他们的看法，不是你的问题。我们想简单而快乐地生活，这才是最重要的。只要我们对自己感到满意，这就足够了。

在教育系统中，我们被老师品评。在工作面试中，我们又被品评。总有人决定谁是好的，谁是更好的，谁是一无是处的。我们迫使自己接受父母、老师、老板、同事用各种标准来评判我们。本自俱足可以给我们力量，如果我们不希望被他人评判，被市场浅薄的标准衡量。我们就需要有自己的视角，以庆祝生而为人的尊严。

自我意识、自我接受和自我欣赏是简单生活的一部分。当我们没有期望的时候，我们就不会有失望。简单没有公式或技巧。我们每个人都能找到自己的方式，没有人人必须遵守的规则。它是一个终身的旅程，没有最终的目的地。我们不需要担心我们何时能达到完美的简单状态。我们在路上，朝圣之路上。日复一日，全神贯注于头脑、思想、语言、感觉、行动、食物、衣服、房子、意图、关系的简单。不断地下功夫，我们会呈现出一种自然而然、不自觉的简单状态。

我们需要了解，大脑是由两个部分构成的。左脑是理性的、雄心勃勃的、精于算计的；右脑处理的是想象力、直觉、感觉和精神。在美而简的状态下，左右脑在平衡与和谐中协同工作。

简单不仅仅是外在的，也是内在的。我们总是囿于受想行识当中。在所有活动中，我们需培育可见与不可见的简单。如何在做饭、种菜、洗澡或铺床中呈现简单？一举一动，从细微之处开始，从小到大，逐步轻触。当我们把事情搞得很沉重的时候，生活就会变得更加复杂。简单意味着我们在生活中流转，如同河在大地上奔流。

复杂不等同于使之复杂。复杂是自然而美丽的。简单和复杂是互补的。我们的身体是非常复杂的，我们体内的微生物和细菌是复杂的。然而，身体也是非常简单的。我们都好好善待身体：好好吃饭、洗澡、洗脸、上厕所、睡觉。把自己复杂的身体管理好就这么简单，不需要一个专家来照顾。

存在是复杂的，但又是简单的。经济学家等学者把它变得复杂。例如，编织地毯的过程是错综复杂的，所有的线和颜色都交织在一起，然而传统的织工不需要大学学历就能编织复杂的作品。因为专注和用心，地毯织工将复杂的东西变得简单。

这种简单植根于意识，也就是"良知"。意识将我们与过去、现在和未来，与我们的祖先和后代，与时间和空间，与物质和精神联系起来。意识是我们与宇宙之间美而简关系的基础。在印度教哲学中，意识是第一原则，宇宙和人类的一切行为都是从意识中产生的。太阳、月亮、星星、行星、银河系、树木、海洋、山脉、动物和人类都是意识的表现。复杂的问题总有一个简单的答案。无形的意识以可见的形式表现出来。意识是最终的现实，意识是宇宙之心。人类之心与无限的宇宙之心紧密相连，从无限到交融，反之亦然，无隔无间。我们可以把宇宙之心称之为心神，万物在其中生灭。在宇宙的实相中包含着秩序，看似混乱，实则有序。而这秩序维持着数万亿的生命形式，无论大小，它拥有最极致的简单。

我们不必害怕我们生活中的混乱。由于对混乱的恐惧，我们开发了复杂的系统。我们的生活现在被时钟、日程簿、议程所控制。我妈妈没有手表，晚上，她看星星就知道时间。她的生活很简单，相比之下，我的生活很复杂。她会冒出些狂野的念头，我则胆小且循规蹈矩。我的花园是修剪过的，草坪、树木、花朵有条不紊地安排在其中，看上去是秩序，但它缺乏了侘寂的味道。这儿有一个悖论：看起来无序的东西可能暗含着秩序，而看起来有序的有可能极其复杂。一片森林看似混乱，但暗含着秩序，有其自我组织和自我维护的能力。我妈妈的生活就如同森林。

活得简单需要意兴盎然，随遇而安。比如，当有人来找我，如果我已经习惯于安排议程，我就会说："你之前没预约，我正忙着，我现在不能见你。"我妈妈绝不会这样说。在印度传统里，客人这个词是"atithi"，意思是"不请自来的人"。任何时候，我们都要允许计划外的事件发生，我们需要灵活和自然。我们需要随遇而安，不是所有事都是预先写好的。新的事物总是在不断出现，我们必须能接纳新情况。当新的变化出现时，让我们欢迎它。巴基斯坦有一种即兴的音乐叫卡瓦利（Qawwali）。有一个主唱歌手和一些助唱歌手，他们之间不断进行对话。卡瓦利有一种原始的味道，印度古典音乐也多是即兴的，没有任何标准的规划。妈妈说，生活就像音乐，有音阶，有范式，但没有谱子，它要求我们即兴发挥。

随遇而安使我们摆脱忧虑，忧心忡忡会消耗我们的能量。我们要养成不担心的习惯。为什么要担心过去？过去需要放下。我们也无须担心未来。纪伯伦说："昨日无非今日之回忆，明日实乃今日之梦境。"只有现在是真实的。这就是为什么它被称为"现在"（present）——一件礼物。我们要对身处的境况有所回应。为此有一个公式：10%的注意力用来关注过去，15%关注未来，剩下的75%关注现在。当我们活在当下时，当我们用敞开的心和开放的思想来应去静，我们就能一步一步轻松地向前走。担心过去或未来会思前想后耗尽我们的能量，无法在当下做出恰当的反应。最有力的时刻在当下，让我们尽可能地活在当下！

　　做到这一点，我们需要相信。相信我们有能力在未来到来时处理好它，而现在不需要担心它。我们不需要预想问题，它们可能出现，也可能不出现。我们有潜力应对未来，无论是好是坏，是消极还是积极。我们有想象力，有能力。记住，无论我们计划什么，都有可能不会成功。所以，为什么要做这么多计划呢？只要对未来有一点想法就可以了。如果我们计划了太多，一旦落空，我们会感到失望。

　　与其做那么多计划，不如让我们有远见，有愿力，有梦想。让规划从你的愿景中一步步成长起来，让未来如其所是的到来。正如约瑟夫·坎贝尔（Joseph Campbell）所说："我们必须放下我们所计划的生活，以便接受正在等待我们的生活。"不拘泥于计划和教条，顺应自身的魔力与能量。如果我们允许意外出现，奇迹就会发生。当我们提前计划太多，奇迹就可能被阻挡。当一切都计划好了，就没有空间让新的事物出现了。当我们遵循最小的计划和最大的愿力法则时，就更容易接受简单。

美而简的含义很深，与吝啬、匮乏、自我否定无关。这似乎是矛盾的，但简单会带来丰盈。当我们知道够用就好时，我们就会拥有更多。简单带来了充实而非奢侈、舒适而非便利、满足而非贪婪、和解而非怨恨。

圣雄甘地的朋友理查德·格雷格（Richard Gregg）称其为自求简单。它意味着内在的诚恳真实，减少外在的物质杂乱；它意味着减少与生活的主要目的无关的财物；它意味着在某些方面的克制，以确保在其他方面有更丰富的生活，比如花时间做音乐、诗歌、园艺、交朋友，等等。

我们可以在生活中全方位实现这种美而简的愿望，减少规模化生产和消费。威廉·莫里斯（William Morris）通过制作、生产美而简的日常用品来表达并体现想象力,他用艺术和手工艺运动来实现这一愿景。在下一章中我们会谈到这一话题。

> 吾有三宝,持而守之,一曰慈,二曰俭,三曰不敢为天下先。
> ——老子

第五章

艺术家社会

世界就是任由我们的想象力驰骋的画布。

——亨利·戴维·梭罗

从前在印度，许多人研究生活六十四艺，诸如铺床迎接夜晚、清洗身体、装饰身体、做爱、照顾家庭、点火、进寺庙做礼拜、呼吸、冥想、唱歌、跳舞、绘画、盖房、种粮食、烹饪、做家具，等等。

人们通过精湛纯熟的六十四艺理解世界运行的方式，满足自己肉体以及情感、智力、灵性的需要。满足精神需求的艺术和满足情感或肉体需求的艺术之间没有区别。

我们打一口锅或创作一个雕塑，都是在塑造自我。我们耕田，也是在耕耘心田。我们在田里种粮，也是在培育我们的内心。外在艺术和内在艺术是一体两面，制作生产的艺术和塑造自我的艺术相辅相成，都让我们身心俱泰。艺术家就是创造者，反之亦然。

只有我们参与到制作的过程中去，我们才有资格去消费。

在这样的范式中,雇员和消费者转变为生产者和艺术家,人们建立合作的工作关系,没有等级制度,合作关系取代了所有权的概念。在这个系统里,人类不会自视为自然资源的所有者,而是把自然资源当作礼物,心怀感激地接受馈赠,用心关照,与人类地球上全体生灵共享。

艺术家不去寻求就业或工作,他们寻求正确的活法,因此,人类在地球上的足迹是轻巧的。当社会由艺术家组成时,经济的目的就转化成对每个人真正需求的满足,而不再是满足少数人的贪婪假想。大自然足够丰饶,能满足每个人的需求,但满足不了贪婪。在艺术家的社会里,没有浪费,没有污染,就像大自然中一样。艺术家们从自然界得到的任何礼物,都会回馈给自然界,所有活动都是可再生的。我梦想一个由艺术家组成的社会,他们首先要实践生活的艺术。通过生活的艺术,我们的生活变得更简单、更和谐、更快乐、更满足。

当我们手工制作东西时,我们无意识地创造出了美。但当动手制作的艺术被抛在一边后,我们就被丑所包围着。规模化的工业生产创造了一个丑陋的文明。我们被数字所统治,被经济所迷惑，被效率所辖制，它们全是美的敌人。一个怪物正在困扰着现代世界，这个怪物就是丑陋的物质主义。美的女神已经从人类的家里消失了。当我们失去了美，我们也就失去了本真。英国诗人济慈（John Keats）写道："美即是真，真即是美。"美和本真的缺失是我们这个时代颓废的根源。

只有艺术，只有动手制作，才能疗愈人类的疾病。艺术可以洗去文明的丑陋，可以成为打败物质主义的力量，让美回归。艺术可以揭示想象力的奥秘，把我们从贪婪、速度和杂乱的束缚中解放出来。已故美国心理学家詹姆斯·希尔曼（James Hillman）说："生态危机是一场美学危机。"通过恢复美学，我们才得以恢复生态平衡。

但可悲的是，当代艺术也已落入耍小聪明和滑头的人手中。把大象的粪便扔在圣母玛利亚的照片上，你就会成为著名的艺术家。把你没整理的床铺放在泰特美术馆作为艺术品卖出，就能赚一大笔钱。艺术被娱乐家和商人所奴役，病态的文明渗透到生活的各个领域。

我们已经忘记了亨利·詹姆斯（Henry James）的智慧，

他说:"艺术造就了生活。"我们把艺术从日常生活中分离出来,把它囚禁在画廊和博物馆里。是时候把艺术从煽情和商业文明中解放出来了,我们要恢复艺术的完整性、真实性和意义。

阿南达·库马拉斯瓦米(Ananda Coomaraswamy)说:"艺术家不是一类特殊的人,但每个人都是一位特殊的艺术家。"做家务、烹饪、跳舞、唱歌和园艺是我们忽视的一些艺术形式,我们也因此受伤。《爱经》(*Kama Sutra*)中说,一个好的爱人,无论男女,必须学会六十四种生活和爱的艺术。如果你不会种花、插花,不摆放在爱人的床头边,你怎么取悦你的爱人呢?

不仅艺术家有制造者的含义,诗人(poet)也有这个意思。正如希腊语中的"autopoesis",意为"自我创造"。诗歌不仅是纸面上富有想象力的文字,每一个富有想象力的行为都是一首诗。生产(Poeisis)首先是动词,而不是名词,表示一种改变世界的行动。诗意的工作使思想、物质、时间相调和,使人与世界相调和,这是一种通过创造实现统一的美好愿景。

大自然是上帝的诗歌、上帝的艺术。上帝通过园丁行事，园丁把花园当作艺术来创造。同样地，利用太阳能、组织经济活动或管理学校都是艺术形式。艺术是一种精神状态，当我们做好一件事，不被对名利或权力的欲望所干扰，那么我们的工作就会成为一件艺术品。当科学家、政治家以及商人带着爱和想象力完成他们的工作时，他们就会成为艺术家。盖亚假说的创始人詹姆斯·洛夫洛克（James Lovelock）曾对我说："我像艺术家一样实践科学。我不听从政府或公司的命令。我遵循我的直觉、灵感，最重要的是遵循我的想象力。"雕塑家和土地艺术家理查德·朗（Richard Long）告诉我，"我作为一个艺术家在行走。"因此，正念行走也成了一种艺术形式。

前段时间，我访问了澳大利亚的一个原住民社区。我问他们："你们的工作是什么？如何谋生？"他们回答说："我们这里都是艺术家。"我为之雀跃！世界上有几个社区可以这样宣称？

有一次，伯特兰·罗素访问了非洲的一个土著村庄。白天，人们在田里干活。晚饭很简单，就是小米和一点肉，还有自己酿的酒，与罗素平常晚餐的三道菜相比，这太简单了。饭后他们开始唱歌，他们不停地唱歌，后来就开始跳舞。罗素看了看他的表。村民们没有表，但罗素有。当时是晚上10点，直到11点，再到午夜，招待他的主人一直在唱歌跳舞，他们很高兴，很享受。罗素从没感受过这样的快乐，那里没有人担心世界的问题。这些部落的人几乎没有任何精神或身体疾病，他们也没意识到自己缺乏物质财富。罗素说："我希望我出生在这里，没有烦恼和忧虑！"

　　土著文化中没有我们在西方世界所理解的艺术这个词。对他们来说，用想象力和技能做好的东西就是艺术，不需要为它命名。对他们来说，艺术是日常生活的一部分。但功利主义和工业文明已经把艺术从我们的日常生活中剔除。艺术成为一种奢侈品。绘画、素描、舞蹈、歌唱和表演不是我们大多数人日常生活中的一部分。我们要么把它们作为一种爱好来练习，要么就使之成为少数权威人士的职业。但生活的艺术是最伟大的艺术。艺术的意思是"用想象力、创造力和你的心来创作或表达"。每种艺术之间都有密切的关系，无论是美术还是手工艺。

在土著文化中，艺术既不是爱好，也不是奢侈品，而是日常生活和生存的基本要素。艺术品不是出现在博物馆或画廊里，而是在家里和田野里的日用品。土著艺术呈现了爱与技艺的结合。用爱制作意味着对材料和过程无所保留地臣服。顺其自然，那些东西才会出现。技巧来自于反复习练，当人们日复一日地投身于他们的工作，用心制作就如同冥想。制作过程中，必须全神贯注。因此，艺术和手工技艺是庆祝生命、社区、文化和自然的方式。艺术和技艺之间没有等级之差。

我们已经偏离了对艺术的理解。在现代社会中，艺术家变得比艺术创造的过程更重要。中世纪艺术是为上帝服务的。后来，艺术开始为人服务。现代艺术开始倡导"为艺术而艺术"，后现代艺术当中概念占据主导，艺术变成了"为艺术家而艺术"。我很难把一样东西称为"艺术"，如果它无关乎技术，无关乎美，无关乎制作，我们直接称之为"概念"好了，何必要败坏备受人们喜爱的艺术理想？艺术不能脱离完整性，不能脱离本真，不能脱离美，不能脱离生活。艺术不仅仅是一种概念，它还是一种生活方式。

艺术与生活的剥离始于艺术家开始宣称自己比工匠有更高的地位，将自己与工匠同伴区分开。当艺术成为一种地位的象征时，它就与普通人的生活脱节了。艺术渐渐被离解，只有那些有"特殊"才能的人才能从事，只有那些拥有巨额财富的人才能购买。因此，艺术品成了又一项消费品，一种供买卖的商品，成了投资品，而不再是每个人作为日常活动而践行的生活方式。

我们正处于一场新的革命、新的觉醒的边缘，我们希望恢复艺术与我们生活的土地、我们穿的衣服和我们制造的东西之间的联系。生活、自然和艺术是无缝连接的一体，一场新的艺术运动正在兴起，安迪·高兹沃斯（Andy Goldsworthy）、苏珊·德吉斯（Susan Derges）、理查德·朗、克里斯·德鲁里（Chris Druery）、桑迪·布朗（Sandy Brown）等艺术家都活跃在其中，其他人也逐渐浮现。当艺术成为每个人生活的一部分时，丑陋的消费主义文明划在心灵上乱七八糟的伤口才得以治愈。

只有把文化与自然、实用与美、生产与消费、艺术与技艺重新联结，我们才能从金钱、物质主义和大规模生产的暴政中走向自由。

艺术具有变革的力量。艺术家是炼金术士,他们将基本材料转化为美丽、实用且愉悦的物件。陶艺家用非凡的能力把一块普普通通的黏土变成一个个外观精美的罐子,同时也是满足日常生活的容器,用来装水盛酒、储存食物、插花。画家们则用红、蓝、黄等颜料,把它们涂在壶或纸上,画在墙或画布上,赏心悦目的作品就这样出现了,不管它们是民间作品还是高雅艺术。

广大的陶艺家、画家、雕塑家和篾匠所使用的材料往往是廉价的、天然的、随手可得的。是耐心和实践的力量,想象力和耐力的力量,手、脚和声音的力量,以及人类无限的精神力量,使柳条变成篮子,石头变成雕塑,木材变成衣柜,声音变成歌曲,文字变成诗歌。它的乐趣在于,我们都是潜在的炼金术士,我们都有能力成为艺术家和工匠。

烧陶工匠把黏土变成锅,黏土也把人转化为烧陶工匠。黏土拥有将普通人转化为自我精进的修行人和圣人的宏伟之力,就像伯纳德·利奇(Bernard Leach)和露西·惠(Lucie

Rie）①。如果没有黏土，就不会有像迈克尔·卡杜（Michael Cardew）这样的著名陶艺家；如果没有颜料，就不会有毕加索；如果没有鲜花，就不会有梵高或乔治娅·奥·吉弗。正如艺术家是一个炼金术士，将普通的东西转化为不寻常的东西，材料也为创作者带来了蜕变。当我们崇拜制造者的时候，我们也需要尊重和崇拜原材料。由此，我们超越了美术和民间艺术、艺术家和工匠之间的差异。制造者和他们的材料之间的亲密关系，总是能揭示了想象力、创造力和自发性。

艺术不是一种职业，它是一种正确的生活方式，在这里，职业与天命合一。建立在艺术和手工技艺基础上的经济是一种有韧性且和平的经济。我们越早接受艺术和手工技艺作为我们经济生活的一部分，我们就越早能够解决我们这个时代的环境和精神问题。大规模生产和大规模消费的经济是一场永无止境的猫鼠游戏，它导致了无尽的不满，让人几乎感觉不到手工制作所能带来的成就和满足。

---

① 伯纳德·利奇：英国艺术家、陶艺家，其作品将物质与灵性统一，被称为"英国现代陶艺之父"。露西·里：奥地利陶艺家，其作品具有高度的平衡性统一性，刚柔并济、收放自如。——译者注

许多人饱受焦虑、空虚、抑郁的煎熬，正是由于他们缺乏对生活的热爱，病因是想象力的匮乏。现代工业文明是想象力的敌人，是大多数人的艺术、工艺、文化和创造力的破坏者。坚持从事艺术和手工技艺的少数人还在为生存而挣扎，或者被迫将他们的艺术商业化，为名利所驱使。

雇员和艺术家的身份截然不同。一个人人都能成为艺术家的社会必将以完全不同于现代社会的方式来组织。在目前的体系中，经济才是主宰，而非想象力和创造力。经济为加速增长，驱动我们成为大规模生产商品的消费者。一个建立在人人都是艺术家的理念上的社会，要求我们成为创造者和生产者，这样我们才能实现个人、社会和生态的福祉。在这个理想的系统中，经济是人类的仆人而不是主人。在我的世界观中，美而简的生活将建立在艺术和手工技艺的坚实基础之上。我们需要远离自动化、工业主义和机器人系统。我们需要拥抱用心制作的理想。

当用心制作成为人类文明的基础时，艺术和技艺就成为一种灵性实践。我们尊重物质世界，同时发展出一种神圣的感知。在印度文化中，这被称为"karma yoga"，即行动瑜伽。

在下一章中,我将阐明这种重要的、有远见的瑜伽练习的意义。美而简的方式就是行动瑜伽中的自然而然。

> *我觉得想活得简单,就做回自己。*
> ——鲍比·布朗

第六章

行动瑜伽

生命是过程,不是产品。

——布雷恩·古德温

印度教最伟大的教义之一是行动瑜伽，教导我们在行动中不注重结果。对于以结果为导向的西方人来说，这简直不可思议，但如果我们仔细看，就会发现其中大道至简的智慧。这意义深远的教诲对我们的日常生活方式产生了根本影响。印度教延续了几千年，不计其数的印度哲学家、圣人和修行者做出贡献，奉行动瑜伽为主旨。

在介绍行动瑜伽之前，我先花一点笔墨介绍印度教的背景知识。印度教的名字源于当地的一条河流，印度河（在英语中为"the Indus"，在印度语中为"Hindu"）。印度河也把它的名字赋予了这个国家，在英文中为"India"，在印度语中为"Hindustan"，在英语与印度语中"印度语""印度人"的词根也都源于印度河。印度河是神圣的，它来自冈仁波齐峰——喜马拉雅山上的一处圣源，流经克什米尔地区，穿过巴基斯坦，向南流入阿拉伯海。几个世纪前，西方人越过这条河流时，发现这是一个拥有三万六千个神灵的国家，这里的人们崇拜河流、山脉和森林的神灵。外国旅行者称这种崇拜形式为"印度教"。

印度教是由六种正式的哲学和许多非正式的哲学组成的。最深刻的印度教思想被记录在《奥义书》中，其意思是"坐在精神导师的脚下进行对话"。这是一种口述文化，文本被背诵并熟记于心。《奥义书》很短，其中一部《自在奥义书》只有 18 节，第一节中概括出了这样的信条：自然元素地、火、水、风都是神圣的。除了每一个生命内的神，神不在他处，无论是在地球、宇宙、外宇宙，还是在遥不可及的天堂中都没有其他的神存在。

我们所看到的、触摸到的、感觉到的、闻到的或听到的一切，都是神圣的，宇宙中的任何东西都是神圣的。《奥义书》赞扬了地球的慷慨，它提醒我们，榕树种子是最小的种子，但却能长出最大的树。在加尔各答的植物园里，有一棵有上千根树枝的大榕树，它是如此之大，以至于人们称它为"一树森林"。这棵树覆盖了近五英亩[①]的土地,是诠释地球丰饶和神圣的一个美丽例子。

《自在奥义书》说:"享受地球的果实"。不仅是人类,每一个生物都被邀请享受地球的赠礼,但有一个条件,只拿你的那一份,给别人留一些,这样他们也能享受到地球的果实。

在苹果收获的季节,树上长满了苹果,让鸟儿、蜜蜂,甚至蚯蚓都能吃到。土壤哺育并滋养了苹果树,落下的苹果再次滋养土地。这就是大自然神圣的循环。

印度教对生命和自然的看法不是线性的,它是循环的。正如我们在谈论朝圣时所说,生命是一个永恒的旅程,没有目标,没有目的地。因此,我们应该关注的是我们的行动本身,而不是结果。

《薄伽梵歌》是印度教哲学的另一个重要组成部分。许多梵文学者将其熟记于心,我的导师维诺巴是其中之一。在争取印度独立的斗争中,他被英国人关进了监狱。当时有几百

[①] 1英亩 ≈ 4 047平方米。——译者注

名政治犯和他一起被关在监狱里。他们要维诺巴向他们传授《薄伽梵歌》的精髓,维诺巴说:"我愿意,但你们必须得到监狱长的许可。"一个代表团去找监狱长,他同意每周在监狱里举行一次大型集会,让维诺巴讲授《薄伽梵歌》。然后监狱长问:"我也可以来听维诺巴的演讲吗?"

"当然可以,"囚犯们说。于是在马哈拉施特拉邦的杜利亚监狱,维诺巴发表了关于《薄伽梵歌》的演讲。其中一名囚犯是一名记者,他用速记法一字不漏地记下了这些谈话。后来这本书被出版为《薄伽梵歌谈话录》。我关于精神和生态的许多见解都受到了这些谈话的启发。

《薄伽梵歌》是一首长诗,是战争与和平的寓言。它讲述了一个大家庭的成员之间的激烈斗争。一方是一百个兄弟,另一方是他们的五个表兄弟。他们为争夺王位而战。《薄伽梵歌》是史诗《摩诃婆罗多》(Mahabharata)的一部分,后者是关于黑天大人(Lord Krishna)与战士阿朱那(Arjuna)的对话,阿朱那对一场与自己家族成员作战的战争产生了怀疑。作者用战争的概念来比喻行为(行动)。他指出,战争是控制、征服和获得权力的欲望的结果。通过克服这些人类欲望,我们可以克服冲突和战争。

这也是人类天性中建设性和破坏性两个方面的斗争。

《薄伽梵歌》成书的时代，印度兴起了一场出世的运动。佛陀、马哈维尔以及他们的一众追随者都来自王公贵族和地主阶级，但都纷纷加入僧团。《薄伽梵歌》是为了抵制这项运动而写的。黑天对阿朱那说："放弃对世界的依恋，但不要抛弃世界，不要放弃世界上的行动。"

因此，《薄伽梵歌》以最清晰和最深刻的方式提出了行动瑜伽的哲学。它认为，行动是所有人类的天性，不可避免。我们都需要行动，我们的身体就是为了行动而生的。如果有人被要求坐在一个房间里，并被告知，什么都不要做，就在这里坐一个星期或一个月，什么都不做，这个人就不会高兴。走路、园艺、烹饪、制作、建造、种植、唱歌和跳舞等行为都是我们的自然冲动。行动是我们成就感的自然来源，是美丽的，有它自己的回报，是快乐和喜悦的来源。《薄伽梵歌》鼓励我们全身心地投入到行动中，而不必担心结果。当我们不渴望结果，也不渴望赞美和成就，那么我们的注意力就完全集中在我们的行动上，而我们的行动也会尽可能的完美和完整。如果我们以纯粹的意图行事，那么瑜伽将只是一个行为，它不会产生有害的结果。没有瑜伽的行动就像黏性的胶水，胶着着对成就的渴望和执着。对赞美或认可的愿望也是一种胶水，它黏连着业力果报。如果我们不在乎我们行动的结果，不把自己看得那么重要，那么我们就能从自我中解放出来。《薄伽梵歌》说："永远不要放弃行动，但要放弃对行动之果的渴望。永远不要放弃世界，但要放弃对世界的依恋。"

我们的行动应该是为他人服务，而不是为了个人利益。当遇到他人生病、年老、饥饿，如果我们不采取行动，我们如何帮助他们？因此，要在相互性、互惠性、服务性；爱、关怀、怜悯和仁慈的情况下采取行动。每一个行动都是一种服务的形式，比如园艺。做园艺不仅是我们为我们最亲近的人服务，也是在照顾和给养地球。我们在培土时，我们也在耕耘我们的心。当我们清除花园里的杂草时，也在清除我们内在杂草般的焦虑、愤怒、骄傲、自我和恐惧。通过与土地融为一体，我们与自然元素重新连接。因此园艺成为行动瑜伽，精神实践，以及自我调节的方式。

行动瑜伽成为一种生活方式。我们用注意力和心智进行的每一个行动，摆脱了渴望和执着，即是行动瑜伽。烹饪、园艺、写书、盖房子、做家具、在河边散步，无论我们在做什么，如果我们在此时此地完全活在当下，那就是行动瑜伽。这就是印度教的行动理想。正如我们在上一章所看到的，艺术家专注于制作的过程而不是结果。无论是唱歌、跳舞还是绘画，行动本身就是完整的，结果和成果如何都不重要。因此，行动瑜伽让人成为最真实意义上的艺术家。

《薄伽梵歌》认为，行动瑜伽是我们灵性的基础。在《薄伽梵歌》的灵性中，不设教条、没有教堂、没有庙宇、没有经书。在灵性和尘世之间无隔，神明和世界之间无隔。在行动瑜伽中，内外世界合一。爱的内在景观和自然的外在景观合一，无内无外。墙壁构成了房间，没有墙壁，便没有房间。寺庙可以是对灵性的启示，帮助我们探寻灵性的道路，但它不是灵性本身，灵性存在于我们心中。《薄伽梵歌》对寺院生活比尘世生活更纯洁的观念提出了挑战。如果我们的心是纯洁的，我们的意图是良善的，那么我们就可以简单、快乐地生活在这个世界上。这就是我感到必须要离开僧团，入世以在日常生活中修持灵性的原因。

《薄伽梵歌》的哲学愿景——所有正确的意图和摆脱执念的行为都是行动瑜伽，而耆那教则认为仅有正确的意图是不够的。行动瑜伽必须始终是非暴力的。即使有正确的意图而采取暴力行动也不是行动瑜伽。

当年在印度寺庙里有祭祀动物的仪式。除非人们为了食物，否则不应该杀生。如果他们真的需要以动物为食，那么应该先把它祭献给神灵。所以人们把动物带到寺庙里宰杀，向神灵献上祭品，然后再食用，这已成为一种习惯。他们认为如果在向神灵献祭的过程中，意图纯粹，杀生就会被接受。同样，《薄伽梵歌》说，以纯粹的意图进行的战争是合理的。耆那教的马哈维尔反驳说，仅意图纯粹还不够，行动本身也必须是纯粹和非暴力的，崇高的目的应始终以崇高的手段来实现。这就是为什么《薄伽梵歌》中使用战争的比喻不被耆那教接受。因此，马哈维尔同情一切生灵，他把行动瑜伽的理想带到了一个新的层面。

马哈维尔革新的行动瑜伽，既放弃对行动成果的渴望，也放弃行动中的任何暴力痕迹。他提议，每个人都应该吃素。

尽管印度人承认某些动物是神圣的，如牛、猴子、孔雀和天鹅，但他们允许自己在寺庙的祭坛上对其他动物进行仪式性的牺牲。马哈维尔赞扬了他们的神牛概念，并敦促他们将这样的圣物观扩展到众生。

对马哈维尔来说，非暴力的实践是修行行动瑜伽的基本素质。它还包括思想上的非暴力，人们应该避免负面的、暴力的、恶意的或有害的想法。语言也应该是非暴力的，当我们说话时，我们应该使用善意的语言。如果我们不得不说一个难懂的真理，那就好言好语，如果我们不能好好说，那我们就应该保持沉默，直到我们能好好地以非暴力的方式说出真相。

马哈维尔创建了和平至上的传统，而耆那教是印度第一批和平主义者。1 600年前，一批耆那教僧侣来到我们世代居住的奥斯村，宣扬非暴力。村民们，包括我的祖先，受到了极大的鼓舞，决定成为耆那教徒。他们中有些人是国王的士兵，必须征得国王的同意才能成为和平主义者。这些耆那教徒树立了依良心拒服兵役的榜样。国王允许他们从战士种姓转变为商人种姓。耆那教的学说与《薄伽梵歌》的学说完全相悖。对耆那教徒来说，没有正义的战争，任何战争都没有立足之地，即使是作为一种比喻而存在。

耆那教奉行对人不施暴，对自然也不施暴的理念。他们不砍树，不挖土，也不会种植或食用土豆、洋葱、大蒜、胡萝卜或甜菜等蔬菜，因为收获它们就会把土壤扯破。他们只取庄稼中长出地面的部分。耆那教徒更愿意做果食者，或者吃那些产出果实的蔬菜，如豆类和谷物。当豆类和谷物被采摘时，根部就留在土壤中，然后它们自然死亡，成为土壤的一部分。因此对耆那教来说，简单的生活意味着非暴力和节俭的生活。

圣雄甘地进一步发展了行动瑜伽的哲学。他同时体现出了印度教和耆那教的传统。他的父亲是印度教教徒，母亲是耆那教教徒。甘地将行动瑜伽引入了社会、政治和经济。他认为现代经济、工厂系统、工业化、大规模生产和机械化，对手工艺品和艺术品的破坏都是暴力。如果人们用自己的双手制造东西，那么对交通工具的使用就会降低，对化石燃料和其他自然资源的使用也会降低，这就形成一种更简单、更美好、更非暴力的生活方式。

同样，中央集权和军事化的大政府也是一种暴力形式，因为它把权力从普通人手中夺走。甘地的行动瑜伽主张以人为本的政治和分散的权力。对他来说，小的永远是美的。因此，甘地代表了对印度教行动理想和印度教生活艺术的结合，这需要脱离以目标为导向和被结果束缚的行动，以及接受耆那教在思想、言论和行动中的非暴力价值观。在这两个精神传统的基础上，甘地开创了一个新的行动瑜伽体系，包括在政治、经济、个人生活等领域的正确行动。

甘地的行动瑜伽认同耆那教的观点，即高尚的目的必须通过高尚的方法来追求，目的和方法之间不应存在矛盾。意图的纯洁与行动的纯洁是相辅相成的，理想与实用需要一致。这意味着要以正确的动机、非暴力的方法为人类和地球服务。修习行动瑜伽必须避免破坏社会凝聚力和自然和谐的行为。

行动瑜伽的这三个方面结合起来，就构成了美而简的理想基础。

然而，行动瑜伽的概念和实践又似乎是理想化的，难以实现，因为我们已被彻底调教成以目标为导向，我们该从哪里开始解脱？我们如何创建一个由艺术家和行动瑜伽修习者组成的社会？我们如何开启美而简的生命旅程？我认为，我们必须从头开始，从童年和学校开始。所以在下一章，我们将转向教育和学习。

> *没有简单，就没有伟大。*
> *——列夫·托尔斯泰*

第七章

学习与生活

教育不是为了谋生,教育本身就是生活。

——约翰·杜威

简单必须从头开始，从童年开始。一个小孩就像一粒种子。只要条件适宜，种子就会长成他自己。橡子变成橡树，苹果种子变成苹果树。园丁、护林员、农民的任务不是让橡树变成白蜡树，或让苹果变成梨。当孩子上学时，教师需要了解孩子的特质，"这个孩子是苹果树还是梨树？"

不幸的是，在现代学校里，教师很少观察孩子的特质。孩子被要求适应经济体系，成为经济社会需要的人。政府声称："我们需要工程师、银行家、经济学家、会计师和医生。"学校训练孩子以满足市场需求，让他们为找好的工作做好准备，成为成功人士，并尽可能多地赚钱，以便积累尽可能多的物质财富。但一个理想、允恰的教育体系不该让孩子适应经济，而应让经济来适应孩子。孩子只需为生活的美满和幸福做好准备。

我不喜欢现代教育模式，所以我 1982 年在北德文郡的哈特兰办了一所学校。当时，我的两个孩子到了上中学的年龄，而学校在 15 英里以外的一个小镇上。他们必须每天早晚各坐一个小时的公交车，从 11 岁就要开始通勤的生活！我不想让我的孩子们过这种生活，我不希望我的孩子忍受这些路程。于是我和我的妻子从城市搬到村庄，因为我们想生活在一个乡村社区。我们想让自己的孩子在乡村中成长，希望他们能从大自然中学习，从森林中学习，从植物和动物身上学习。我们想让他们了解农民、建筑工人、画家、诗人的生活。如果每天早上八点他们必须离开我们的乡村社区，去一个遥远的城镇，晚上疲惫不堪地回来，那么他们就无法体味社区里人与人的关系。高中毕业后，他们将进入大学学习，他们会被培养成经济型人才，然后在伦敦、巴黎、纽约或新德里等地，寻找一份高薪工作。像其他年轻人一样，我的孩子将被带离他们的村庄，从他们的社区中连根拔起。

我们不希望孩子在远离社区的地方接受教育。因此，我在村里召集了一次会议。让人高兴的是，大约有 30 人聚到一起。经过一些初步的讨论，我问大家："你们对孩子坐巴士到镇上上学有什么看法?"家长们回答说:"有些孩子会在车上抽烟,有些孩子会遭到霸凌,没有人监督他们。我们的村子需要一所学校。"

经过一个小时的讨论,九个孩子的家长说:"如果你们能在哈特兰开一所学校,我们就把孩子送来。"根据英国法律,学校的注册只需有五个孩子就能得到许可,而我们有九个孩子!所以,我们创办了一所"小微学校"(The Small School)。

第一天,当九个孩子和父母一起来到学校时,我们问自己:"我们的学校与其他学校会有哪些不同?"答案是,"大多数孩子步行就能到学校。厨房就是教室,每天孩子们都会参与烹饪。午餐会有真正的、新鲜的食物。孩子每天都会烤出新鲜的面包。会有一个花园,孩子们将在那里学习种菜、草药和花卉的相关知识。为什么学校有足球场和板球场却没有花园?每个学校都应该有一个花园和一个厨房。"

在英国大多数学校里,食物是由承包商在几英里外准备好,然后再送到学校的。为什么一定得这样?所有的孩子都应该学会烹饪健康营养的食物,应该学习食物的历史,学习和食物有关的化学和数学。我们说:"我们打算不只教莎士比亚、达尔文、牛顿、伽利略，我们要在数学、科学和英语之外，还教烹饪、园艺、建筑、缝纫、修补、木工、摄影和音乐。"这就是我们的课程。我们的学校不会是一个考试工厂，它将是一个自我发现的地方。

当然，我们花了几个月的时间形成这些想法。这期间，家长、教师和要来的学生都参与了讨论。当我在第一天阐明这些想法时，每个人都很高兴。

我们赞成经验式的教学，物理、化学、数学、进化论、哲学、心理学、神学，这些学科不止限于字面意思。真正的知识超越了文字理论和概念，真正的教育源自于经验。所以，我们的学校将把知识与生活经验结合起来。这是一所"小微学校"，课程包括艺术和手工、历史故事和神话，课时与理论课程一样多。

"小微学校"作为一所全日制学校运营了36年，现在这里又有了另一所国家资助的学校，理念与我们的"小微学校"一样，家长可以送孩子到那里免费就读。所以，我们的学校就在晚上、周末和假期开展教育课程。在"小微学校"运营了几年后，人们说："为什么不为成年人开办一些课程呢？"

这就是舒马赫学院的由来。

1990年,当我梦想着在德文郡的达廷顿建立舒马赫学院时,人们说:"你的愿景太理想化了。谁会来学习生态、灵性、艺术、手工艺、整体论哲学呢,何况还要自付学费?"许多人认为舒马赫学院可能做个两三年就开不下去了。但令人振奋和欣慰的是,28年了,舒马赫学院仍在开花结果,蓬勃发展。

无论过去还是现在,舒马赫学院存在的理由非常简单。现代消费社会是由主流教育体系支持并推动的,大学是军事工业综合体的中坚力量。这也就使得年轻人被教导用经济主义和物质主义的方式进行思考。学生会认为,我们是大自然的征服者,是优越的物种,可以对大自然为所欲为。当学生们毕业后,往往会利用自然与他人,以使他们的生活富裕、舒适和成功。在如今这个物质至上的时代,社会不公和生态不公的问题同出一辙。

我们有许多方法来应对这一观点,解决这一问题。有针对地进行讨论,出版相关的书。但这远远不够,我们必须开始行动,找到更好的替代方案,这一切并非是不可实现的。

我们没有必要让年轻人的思想适应剥削他人或自然的生存方式。我们需要教导年轻人，我们是大自然的一部分，我们需要与自然和谐共处。舒马赫学院的建立正是为了做到这一点，它不仅是一个教授生态学的地方，更是一个可以体验和生活的地方，一个感受生态的地方。

在主流大学中，生态学这个词的定义非常狭隘，只是对一个特定有机体与其环境的关系研究。在舒马赫学院，我们对它的定义更加广泛。生态这个词意味着"家"——我们的地球家园，也是我们每个人的家园。因此，舒马赫学院不仅是一个学习生态学的地方，它本身也是一个家，这就是舒马赫学院创办的初衷。我们遵循甘地的座右铭："成为你希望的世界中的样子"。每个来到学院的人都感到了家的温馨。他们做饭、种菜、打扫自己的房间。如果你去一所主流大学，墙上有黑板，桌上有电脑，有老师在讲课，下课后再回到你住的公寓或宿舍。学习和生活之间没有任何联系。然而，作为学生，"学"与"生"应该是相互融合的，而理论和实践也应该相互融合，这就是整体教育的愿景。它是一个在"做"中"学"的过程。

舒马赫学院是一个集体，也是一个家。我们努力与自然、与他人、与周围环境和谐共处。我们学会互相尊重，互相帮助，互相支持。我们致力于将星球家园和地球共同体的宏大理念落实到微观个体当中。

在学院里，学生们学习整体科学、整体经济、整体哲学，以及学习它们是如何的相互勾连互动的。从生态学与人类学，到人类学与心理学，再到心理学与园艺和农业，它们之间都彼此关联。在学院里，当你专注于一个特定的科目时，你其实是在一个更大的背景下学习。因此，整体的综合学习和生活是舒马赫学院的本质。在这里，学生们得到了转变，因为他们经历了包括学习、工作、沉思和创造性活动的整体生活。自我改造之后，他们走向世界，找到改造世界的方法。

当这些学生离开学院时，我极不主张他们先寻求就业，而更希望他们创造自己的工作或生计。正因如此，我们的许多学生都建立了自己的事业，如书店、完整食物餐馆（whole food restaurant）、园艺和写作。有些人在联合国的气候变化项目中工作；有些人成立了碳信息披露项目（Carbon Disclosure Project）这样的环境类非政府组织；有些人加入了地球之友

（Friends of the Earth）或绿色和平组织（Green peace）这类的环保机构；另有些人加入了乐施会（Oxfam）这类的援助机构。无论是哪种方式，每个人都在推动变革，致力于让世界成为一个更好的地方。每个人都致力于减少对全人类乃至整个自然的负累，最大限度地提高灵性、可持续性和简单性，轻装上阵，少食多餐，尽可能地减少对地球资源的影响。

在舒马赫学院学习的特点是，教师和学生之间的互动关系是朋友。学生不是单边的接受知识，而是与教师一同探索、一同成长，他们在学习中是搭档。这是一段旅途，学生经此发现自我、发现他们在这个地球上的位置，以及他们此生的意义。这些知识是由内而外的，不是由外而内。教师在这里的意义是激励、启发，以点燃学生内心的火苗。

大自然就如同詹姆斯·洛夫洛克、斯蒂芬·哈丁（Stephan Harding）、范达娜·席娃（Vandana Shiva）所有这些客座教师一样，也是我们的老师。学生们每周至少会去达特姆尔的海边或森林一次，他们在大自然中学习和体验。28年来，成千上万的学生来到舒马赫学院，校友名单上已有一万七千人。他们学习、转化，并成为变革的推动者，享受并颂扬学习。

舒马赫学院以《小的是美好的》(*Small Is Beautiful*)的作者的名字命名，同这本书的理念一样，学院也一直保持着小规模。但是越来越多的舒马赫学院类型的教育中心在其他国家出现。他们不一定叫舒马赫学院，因为不存在特训经营。人们发挥了他们的主观能动性，基于本国文化和精神发出了自己的倡导。不管叫什么名字，只要他们的倡议是全面的，人们可以学会为社区、社会和地球服务，那么它就是一所"舒马赫学院"。这种新的教育中心正在世界各地兴起，并形成非正式关系网来相互支持。

我经常对舒马赫学院的学生说："带着自信走向世界，不要寻找工作，而是创造你自己的工作，创造一种生计。像一个艺术家一样生活，像一个行动瑜伽修行者一样。"拥有一份工作和拥有一种生计是有区别的。工作是我们为钱而做的事情，无关我们是否喜欢它；生计是我们做自己真正想做的事情，并在做这件事时找到成就感，获得报酬是次要的。我们当然需要钱，但我们不是为钱工作。

我希望学生们走向世界，为更伟大的事业工作。充满想象力，为地球服务，为他们心中珍视的价值和理想而工作。

他们需要把事业和职业结合起来。现在，许多人在周末写诗、绘画或者做园艺，从事他们喜欢的事业。但在平时，他们在职业工作中辛勤工作只为赚钱。我希望这种事业和职业的分离能够得到弥合。学生必须从事他们的事业，并以专业的方式去做。他们将自己的工作通过将这两者结合起来转变为正确的生计。

在舒马赫学院，有三、四十名不同性格、国籍和宗教的学生住在一起。多年来，来自巴西、日本、中国、智利、墨西哥、马来西亚等90多个国家的学生一起学习，彼此包容，互相接纳，慷慨相待，歌颂不同的语言和文化。他们学会了用自信与爱说话。言语可以伤人，也可以疗愈。在学院里，他们学习说话和倾听的艺术，学习使用激发信任的爱的语言，还学习烹饪、打扫、园艺以及其他实用技能的艺术。

手是人类最伟大的天赋，我们用手做饭、做园艺、写作。手是我们改造的工具，用手的工作应该得到尊重。如今，人们认为用手工作的人都是文化程度低的人，是那些不能写电脑程序或做智力劳动的人的选择。如果你是工人、园丁、农场的农民，你的时薪可能是10美元左右；但如果你在银行、政府、企业或专业领域工作，你可能会得到每小时数百美元的报酬。因此，我们的社会在贬低体力工作的尊严和价值。但在舒马赫学院，用手做事的尊严被抬到一个很高的位置。

在学院里，我们培育心灵。互相关心，塑造同理心和同情心，这是学习的一部分。如果我们不发展这些素质，我们的教育就不完整。我们要平衡头、心和手的教育。要实现这一点需要通过教师来树立榜样，并激励学生，向他们展示思考、感受和创造的重要性。

当学生有所感触、可以学以致用时，当学生能用学到的技能和技巧来表达自己并融入这一集体时，真正的学习就发生了。

学习不是一场与时间的赛跑。它是一个发现的过程，当学习者都参与其中并完全投入时，这个过程就会浮现。要做到这一点，需要有一个轻松的氛围，让学习者不感到任何压力，在那个氛围里他或她有机会按照自己的节奏学习，在那个氛围里缓慢而简单的学习活动会得到赞扬。学习不是为了通过考试或取得好成绩，而是一个自我实现的过程。

我们必须记住，真正的学习不只发生在学校内，不只有正规的教育才是学习,我们在生活中无时无刻不在学习。不知何故,正规教育体系的重要性被夸大。耶稣基督没有神学博士,佛陀也没有获得禅修的硕士学位。正规教育有其位置,但我们必须摆正它的位置,而不是让它主宰我们的生活,以至于如果你没有受过正规教育就会被人看不起。

学习真正的真谛是培养好奇心。一个学习者的心态就是拥有一个初学者的心态。我们在生活大学和自然大学中学习。大卫·奥尔(David Orr)和弗里乔夫·卡普拉(Fritjof Capra)以生态为中心概念,提供了一个鼓舞人心的转化式学习的案例。他们认为现代教育并没有使人们掌握真正的生命和自然知识。因此,他们在加利福尼亚州的伯克利市建立了生态文学研究所。他们的研究指出,生活在城市文明中的我们,越来越远离自然和乡村环境,我们生活在城市里,被汽车和混凝土包围,与自然界隔绝,正沦为生态文盲。

生态素养,只在我们身处自然之时才能获得,无法通过书本或电视获得。虽然电视上有精彩的自然节目,我们也必须亲历自然,才能理解生态,才能不致成为生态文盲。

如果我们希望重回与地球适当的关系,我们需要把地球当作我们的家。"生态"一词源于希腊语"oikos",意思就是"家"。在古希腊哲学家的智慧中,家有很多含义。家是我们生活的地方:卧室、浴室、厨房、花园都是我们的家。除此之外,我们有村庄、城市、地区、国家,这些也是我们的家。我们必须拓宽我们的定义,加深我们的认识,因为地球是我们最根本的家园,我们也必须替我们所居住的地球家园着想。逻各斯(logos)这个词的意思是"知识"。因此,生态学(ecology)或生态素养(ecoliteracy)意味着对家园的了解。

家也是一个承载着各种关系的地方,是我们与父母、兄弟、姐妹、丈夫、妻子、朋友、客人同在的地方。对家的认识来自对关系的理解。

经济(Economics)也来自同一词源。礼法(Nomos)的意思是"管理"。所以经济有持家的意思,持家就需要了解什么是家。但很多人在大学里选择学经济而不学生态,这就是为什么会有那么多的生态文盲。

有一次,我受邀到伦敦政治经济学院(London School of Economics)演讲。我问他们:"你们的生态学系在哪里?"他们说:"我们没有生态学系。"我说:"你们让学生学经济学,也就是如何持家,却不教他们生态学,也就是不让他们知道什么是家?如果连家是什么都不知道,那要如何管理家呢?"

生态学应该先于经济学,或至少生态学和经济学应该结合起来。这就像两条腿走路,只用经济学那一条腿走路,你能走多久呢?没过一会儿就累了,就会摔倒。难怪全世界都在讲经济崩溃的故事。

我们面临全球变暖、人口爆炸、资源枯竭等经济与环境危机。为什么我们会有这些问题?就是因为我们一直在用经济这一条腿跛行。现在我们需要坐下来,放轻松,并准备用两条腿走。当我们了解了我们的家时,我们将更好地管理它。我们将知道我们的家的局限性,我们将学会简单生活,量入为出。我建议他们应该改变大学的名字,叫伦敦生态与政治经济学院。但对他们来说,这个想法太过激进了,他们认为这太不切实际了。

经济学家和企业家缺乏生态素养,他们好像不知道生态系统有极限。他们持续开采石油、矿物和原材料,就好像没有明天一样。这就是生态文盲!如果他们学习了生态学,如果他们了解我们的地球家园，那么他们就会明白资源是有限的。我们不能也不应该无禁地开采有限的资源，有生态素养的经济学家会知道，我们的地球家园是在自然法则的约束下运行的。经济学家们由于缺乏生态素养而忽视了一个最基本的自然法则，那就是所有的自然系统都是循环的，而现代经济却是线性的。我们开采自然资源，使用它们，然后把它们作为废物扔掉。但在大自然中，没有废物。大自然在循环中运动，季风在循环中流转，地球也在循环中转动，自然界的一切都在循环中。

　　从生态素养中我们了解到，一切都在循环中发展，因此一切都必须被回收利用，不应该有任何浪费，浪费是对大自然的犯罪！无论什么天然物质落在地上，都会被地球吸收，融入土壤。秋天，树叶和果实落下，再次成为大地的一部分，成为土壤的营养和蚯蚓的食物。土壤可以吸收并封存碳，以充盈生命。这些碳滋养了树根、树干和树枝，它们产生的汁液在春天会被送上树冠，再次开花结果。

　　通过这个循环系统，落叶变新叶。如果你不相信循环，那么你就没法理解大自然的规律。树上的叶子每年都会死去，死后在春天又会复活，每年都有新的树叶诞生。生命是永恒的，灵性永不消亡。通过周期性的循环系统，大自然不断自我更新。树木的枝干被回收，作为种子再次诞生，种子又成长为树木。这是大自然的规律，理解这一现象是生态素养的一部分。

不幸的是大部分毕业生都属于生态文盲。他们毕业出去工作，不仅产生了废物，也从事着破坏自然、导致环境问题的经济行为。许多诸如此类的生态文盲经济学家供职于政府、商业、企业中，他们需要为水污染、空气污染、土壤侵蚀、气候变化承担责任。

知识是危险的，受过高等教育的科学家发明核武器，从事基因工程。没文化的农民不会生产核武器，也不会研究转基因种子。世界上大部分问题都是那些受过高等教育，拿着百万美金年薪的人制造出来的，他们使地球处于巨大的危机当中。因此，培养生态素养在我们这个时代刻不容缓。每个学生都应该每周至少抽出一天时间走进大自然，坐在树下、河边或是去爬山，向大自然学习。自然是伟大的导师，如果大学生不想做生态文盲，就需要去读自然之书。自然这本书超越了《圣经》《古兰经》《薄伽梵歌》，也比莎士比亚、达尔文更伟大。所有的先知和作家都是从自然中获得的灵感。在《皆大欢喜》中，莎士比亚写道："聆听树木的谈话，阅读溪流的文章，顽石中也有谆谆古训。"

杰拉尔德·曼利·霍普金斯（Gerald Manley Hopkins）在《因弗斯内德》（*Inversnaid*）中写道：

毁弃旷野荒圩，

世间无可回味。

勿使苍润不归，

萍野莽原万岁！

华兹华斯写道：

我独自游荡，像孤云一朵

高高地飞越峡谷和山巅；

蓦地我望见盛放的山坡，

那是一大片金黄色水仙；

沿着湖边，在树荫下面，

微风中的万朵花舞姿翩翩。

没有水仙，就没有华兹华斯这位卓越的生态文学诗人。

所有伟大的文学艺术创作都源于生态。向日葵前的梵高是生态艺术家，没有向日葵也就没有梵高。但是人们很少真正地看到向日葵，只是看到了梵高作品的市场价值，以此估量他的作品至少能卖 4 000 万美元。人们到了博物馆，却不肯坐在一株向日葵前，静思自然。莫奈建了一个花园只为了画睡莲，这样他就可以近距离看到自然，当他作画时，就可以密切的、详细的观察睡莲，一个小时接着一个小时，一天接着一天。任何艺术与诗歌都是大自然的冥想曲。

达尔文为了研究蚯蚓，沉浸在大自然中，从近距离的自然观察中发展出进化论。他相信我们从自然中来，又终将复归于自然。达尔文的基本观点已然被遗忘，或被误读为"适者生存"。如今在许多大学里，自然已经沦为学术研究的对象。古老的科学告诉我们大自然是残暴无情的。弗朗西斯·培根（Francis Bacon）等科学家主张人类应该操纵自然，征服自然，窃取她的秘密而不是信任她。可喜的是，学界已经觉醒，新科学观看到人类和自然的。詹姆斯·洛夫洛克和林恩·马古利斯（Lynne Margulis）这两位盖亚假说的提出者认为，地球是自我调节的良性系统，我们有责任学会与地球和谐相处，而不是剥削它。

一般来说，大学试图把学生培养成专家，但却没能顾及整体性。大学毕业生的教育只进行了一半，半吊子比完全没受过教育更糟糕，他们就像半生不熟的面包，只有书本知识，但对一切生命的源泉，对自然经验却很少。大学需要一种新的教学方法，这种方法建立在我们需要了解自然和向自然学习的信念之上。我们需要谦虚，我们需要创造以自然为中心的教育，以地球为中心的世界观。

人类就是自然。自然（Nature）在拉丁语中的意思是"出生"。妈妈生孩子前，她会接受产前检查。出生（Natal）和自然（Nature）是同一词源。人类源自自然，不是吗？我们怎么能说大自然只是外部世界，或者说树、鸟、蜜蜂、水果、草、河流和山脉都是大自然，而我们人类不是呢？

我们先是把自己从自然中分离出来，认为人类优于自然，假设自然只是为了人类的利益而存在。比如，一棵树的存在是因为对人有利才存在的。那棵树的好是因为它会给我们带来 500 美元，或者给我们带来水果和氧气。我们重视一棵树只是因为它对人类有用，这就是人类的傲慢！由于这种傲慢，我们对大自然为所欲为，砍伐雨林、污染河流、过度捕捞、用农用化学品毒害土地，只因为我们是高级物种，是主宰物种。进步团体一直努力摆脱民族主义、性别歧视和种族主义，但我们却一直生活在物种主义的魔咒下。我们把大自然当作是下等人、仆人来对待。人类已经废除了奴隶制，但我们仍把自然视作奴隶，把动物视作奴隶。我们把动物放在工厂化的农场里，然后残忍的对待它们。这就是基于人类自我中心的世界观，是人类集体自我的结果。

如果我们想成为具有生态素养的人，我们必须从自我中心（Egocentric）转变为生态中心（Ecocentric）的世界观。自我中心视自然为财产，我们宣称：这是我的土地，我的树木，我的森林。我是老板，我来主管。这就是以自我为中心的世界观。在以生态为中心的世界观中，没有对自然的所有权，只有我与自然的关系。我们都是相互联结的，整个地球就是我们的家。我们是同一地球社区、地球家庭的成员。天空中的飞鸟，林中的鹿，灌丛中的蝴蝶，所有大大小小的生灵都是我们的兄弟姐妹，他们都和人类一样有生存的权利。大自然的权利和人权一样重要。事实上不需要有人权，因为大自然的权利包括了人权，我们都是大自然。人类有生存的权利，生物也有。

与其说人权，不如说是人的责任。大自然有权利，人类有责任不破坏、不污染、不中伤地球。这就是生态素养。

为了拥抱生态素养，我们需要理解教育的深层含义。普遍认为，学生是一个空的容器，老师的责任在于尽可能多地用事实信息填满容器。这是对教育的误解。教育这个词来自拉丁语"educare"，意思是"引出"或"带出"原本存在，但隐而未现、休眠的东西，使隐含的东西明确。

树木给了我们一个很好的例证。在大自然中，种子变成了树，然后树开花结果给人类和其他生物果腹，并提供氧气来维持生命。换句话说，树木服务于维持生命的事业，没有任何自我膨胀的欲望。尤其是当树上结满果实时，它们会弯得很低，表现出谦逊和韧性。当我们受到教育时，我们也需要为生命事业服务，加强地球社区的人际关系。

树木经历严寒酷暑、雨水和干旱而成熟，没有一棵树能逃脱压力。只有经受风暴和飓风，树木才能变得强壮和有韧性。如果一棵树被放在舒适的温室里，不受气候条件的影响，它就不会如此有弹性和持久。树木必须在田野和森林中自谋生路。树木赖以生存的荒野是它们力量的源泉。

在组织化和制度化的现代教育体系中，我们已经失去了对原始的感觉。在土著文化中长大的人懂得生活的艺术。他们用手和腿，也用脑和心。他们知道如何沟通，如何欣赏，如何庆祝，如何忍耐，他们自力更生。现代教育培养出的人则缺乏支撑坚韧、自强和无私等品质的技能与信心。现代教育创造了求职者和员工，许多工作都是由管理机器或处理文件组成的。这使得农民也几乎不接触土壤或种子了，更不会用双手收割庄稼或挤牛奶。他们大多驾驶大型拖拉机和联合收割机，越来越多的农场是机器人在工作，而不是农民。

人类不再是机器的主人，机器已经开始主宰人类。机器已经取代了人类的双手，在机器人时代，我们面临着机器人完全取代人类的未来。现代教育不仅要对人类技能的退化负责，也要为人类人性的退化负起责任。

为了能让我们统合事实与感受，从信息转向知识，我们需要引入在"做中学"的理念——头脑、心灵、双手合一的学习。智慧产生于知识与经验相遇的时刻。教育的任务不是培养越来越多的消费者，而是帮助人类成为能够运用直觉与想象、技能与技术的制作者和创造者。

我们需要为所有人提供学习手工技能的机会，如制陶、木工、编织、缝补和修理。制造和工艺应享有与科学、数学、文学同等的地位。这种"做中学"的方式，我们的"小微学校"、舒马赫学院和生态中心都是范例。

现在是时候恢复教育的本义了，这是一个自我发现的过程。在这场教育冒险中，我们需要拥抱不确定性、模糊性、困难和艰辛。这意味着我们要做好面对问题的准备，而不是逃避问题。只有当我们面对问题时，我们才能运用想象力去解决问题。在舒适的教室里，我们可以获取信息；在奢侈的图书馆中，我们也可以获得知识；但只有在生活的风暴中，在大自然的崎岖道路上，我们才能丰富阅历。

如果我们希望活的简单、有意义、有创造力、有想象力，那么我们就必须遵循一种新的教育体系，把我们从以自我为中心的个人主义的观念中解放出来，从与"他者"分离的观念中解放出来。锻炼美而简必须植根于正确关系的土壤。我将在下一章讨论这个主题。

> 简单的方法也是正确的方法。
> ——李小龙

第八章

正确的关系：我们息息相关

基于义务的关系缺乏尊严。

——韦恩·德怀尔

美而简必须以正确的关系为基础才得以成立。人类的危机遍布精神、个人、社会、经济、环境、政治、文化和宗教，而导致这些危机的诱因就在于彼此间脱节与分离的关系。只要我们着眼于万事万物间相互依存的关系，我们就能找到解决危机的方向。为什么巴勒斯坦和以色列、逊尼派和什叶派、美国和俄罗斯、印度和巴基斯坦、基督徒和穆斯林之间会出现危机？因为我们把自己视为与他人无关的独立个体。只有我们凭着友谊与爱的关系交际时，我们才会以耐心、认可、宽容、宽恕以及慷慨的内心行事。我在第二章中写过，在我27岁时，我花了两年半时间环游世界，走了8 000英里，身上没带一点钱，完全依靠人们的热情好客。能够做到这一点是因为在我心中未曾怀有隔膜，所有人都是我的家人和朋友，整个地球都是我的家。

当我和我的朋友梅农从印度越过边境去巴基斯坦时,我说:"如果我们以印度人的身份去,我们会遇到巴基斯坦人、俄罗斯人或美国人。如果我们以印度教徒的身份去,我们会遇到穆斯林、基督徒、佛教徒或犹太人。如果我们以甘地主义者的身份去,我们会遇到资本家、共产主义者或社会主义者。这些都是区别的标签。我不想作为一个印度人,一个印度教徒,一个甘地主义者出发。我只想简单地作为一个人,无论我去哪里,我都会遇到同胞,能够和所有人交朋友。"

我们真正的身份是人类的一分子,是地球的一分子。树是我们的亲人,空中飞的鸟儿、蜜蜂、蝴蝶,地上的蛇、老虎、大象都是我们的亲人。

我们需要明白,万物相连,所有物种共同进化。太阳温暖大地,大地养育树木,树木哺育飞鸟,雨水滋养树木。万物相互供养,这就是生态。

这个系统无法被测量或量化。人们探讨生态系统服务(ecosystem services),想给自然资源赋予货币价值。但请告诉我,我应该给我刚吸入的这口空气标价多少?微微一口气,如何定价?生态系统服务价值能为我呼吸的空气定价吗?没人能为呼吸定价。我们能说:"我妈妈用她的乳汁哺育我,按多少钱算,5美元,10美元?"你并不能给母乳定价。当我们有了这种认识,那么我们会更看重关系,而不是用金钱来衡量一切。

　　管理经济最恰当方式是人类与地球上所有的物种都建立起正确的关系。目前,人们并不理解经济学的真正含义。当财政部长们谈论经济时,他们实际上是在谈论金融、银行和货币。但金钱不等于经济,我们应该把他们谈论的东西称之为"货币经济学"。真正的经济学是大地、劳动力和资本,这三者是经济的基础。大地代表整个自然世界,一切都来自大地,一切又都回到大地。对承载着树木、河流、山脉、森林、土壤、动物和鱼类这一切的大地的明智管理是发展实体经济的基础。但是政府说:"保护环境会妨碍经济发展。"事实上,没有环境就没有经济。这就是为什么大地是经济的第一原则,经济完全是环境的附庸。因此,我们与环境保持的正确关系才是良好经济的基础。

　　经济的第二部分是劳动力,也就是人的想象力、创造力和技能。人是真正的财富,是人创造并维持了经济。因此,人与人之间的正确关系对繁荣经济至关重要。

第三部分是金融资本。金钱是衡量财富的标准，它就像一张地图，有助于找到领土，但是地图不是领土。金钱是财富的地图，而不是财富本身。一百万英镑可能是盖房子的费用。但钱不是房子，房子也不是钱。我们不能生活在金钱中，我们只能生活在房子里。

因此，金融资本和货币作为一种交换和促进交易的形式在经济中占有一席之地，但我们必须让它们留在原地，而不允许它主宰整个经济体系。货币经济将大地和劳动力转化为商品，赚钱成为现代经济的唯一目的。因此，土地和劳动力是边际效用递减的受害者。我们需要系统、整体地判断这三个层面的价值。

经济的三个方面是相互依存的。以我们的身体为例，就是我们用大脑思考，用心感受，用眼睛看，鼻子闻，舌头尝，耳朵听，其间并无分离。身体的器官和功能是合一的，人类的身体就是宇宙的缩影。整个宇宙都在我们的身体里，我们是星尘，我们由太阳、月亮、地球、空气、火、水，以及意识、空间、时间、想象力和创造力组成，所有这些都在一个身体里不断地相互作用。但是在经济学领域，我们把金融和道德分割，把环境和人类分割。这种分割是我们这个时代最大的问题。解决之道，唯有联结。我们需要重新连接一切。当我们以正确的关系与人类世界以及更广博的世界联系在一起时，我们才能实现生态系统的多样性，才能与整个生态和谐相处。

多样性是正确关系的基石，因此拥抱多样性是值得欢庆的。多样性不应存在分别，不要说，你是左派，我是右派，比试哪一方更强。左翼和右翼属于同一只鸟，为什么我们认为应该砍掉鸟的左翼或右翼？左手右手都被需要，两者价值等同。当左右处于正确的关系时，就实现了完形，那么所有的危险都将转化为机遇。

正确关系的大厦建立在友谊的基础上。友谊是最好、最纯粹的关系。就我个人而言，我所有的工作都是从友谊中产生的。我担任了40多年《复兴》杂志的编辑，这本杂志是友谊的结晶。我有很多好朋友都为杂志贡献了文章、艺术品和资金支持。包括"小微学校"和舒马赫学院也都源于友谊。

友谊是我最重要的原则也是生活所依。你可以拿走我的食物，但不能拿走友谊！我靠友谊活着，它是至高无上的精神。友谊是无条件的——没有"如果"和"但是"，也不需任何理由。我不会说，"你是我的朋友，因为你受过教育，或是因为你富有、聪明、英俊、健谈。"我根本无法想象这样的事情。我与朋友的关系只因为我想成为他的友人。友谊关乎接受，而不是期待。我们给予，我们接受，友谊根植于深深的感激。

在友谊中，你只需说"好的"。如果有人出于友谊向我寻求帮助，我总是答应。如果我出于友谊问某人，根据我的经验，他们也总是说"好的"。

我的友谊不仅限于人类，也体会到朝向自然的友谊。我是我的家、我的花园的朋友，是树和花的朋友，是蜜蜂的朋友，是蚯蚓、蛞蝓、蜗牛的朋友，杂草也是我的朋友。友谊是人们用来描述人际关系的一个术语，但我延展了它的边界，扩大了它的范畴。

我的孩子是我的朋友。在印度，我们认为当你的孩子16岁时，他们便不再是你的孩子，他们是你的朋友。"朋友"是比"儿子"或"女儿"更好的词汇，因为儿子和女儿承载着期望。你对你的孩子有所期待，孩子对父母也有所期待。作为朋友，你不对任何事物怀有期待，你以尊重的方式对待他们。我与妻子也是如此，她是我的朋友。我和她的关系不是占有，而是自由的爱。这样的婚姻没有束缚，没有拉扯。同样，这是一种根植于接受和摆脱期待的关系。

我生活的村庄是我的朋友。我接受它的现状，不会对它进行评判。我爱我的村庄、爱它的居民、爱它的山谷和树木，我喜欢它的风貌。我住在大西洋附近，海洋就是我的朋友，整个地球都是我的朋友，整个世界都是我的朋友。无论我试图在我的生活、社会乃至整个世界中带来怎样的转变，我都是怀着友谊的心在行事。

我的家是我的朋友。因为每过一段时间，我的家就需要翻新，我对它进行打扫、维修、粉刷。我的花园需要翻新，我便除草，堆肥，甚至让土地休耕一年。当我的身体需要"翻新"、需要恢复时，我会放慢速度，小睡一会儿。世界是美好的，但社会的政治和经济也需要"翻新"。因此，我努力为社会带来新生，参与转变的过程。我会对人说："睡个午觉，慢慢来，不要工作太快或太辛苦。"这完全是出于友谊。

佛陀说:"太快或太用力,你都会迷失方向。"

我在"小微学校"的工作是与孩子们的友谊。我在《复兴》杂志的工作是为我与读者的友谊。在舒马赫学院,我致力于向全世界推广生态精神,我的工作便变成用友谊来疗愈世界。

出于友谊,我建议欧洲领导人:"把普京先生当成朋友,你们的矛盾就会化解。"我要对普京先生说:"把所有乌克兰人都当成你的朋友。你是基督徒,耶稣说了什么?'爱你的邻居!'"我要对内塔尼亚胡(Benjamin Netanyahu)先生说:"过去70年来,你们一直在与巴勒斯坦人交战。你得到了什么?试着和巴勒斯坦交好,看看会发生什么。通过友谊,所有的痛苦都被治愈了。"我建议巴勒斯坦人:"犹太人已经流亡了两千年。现在他们该被应许回家,欢迎他们。你们可以一起把巴勒斯坦变成一片丰裕富饶的乐土。"拥有朋友的最好方式就是爱人如己。友谊是对我们所有痛苦、焦虑、苦恼,所有争端、冲突和战争最简单的回应。

在友谊中没有期待。因为事情永远不会像我们期望的那样发展,所以期望往往会带来失望。我学会了接受,已然超脱，继续前行，没有被困住，也没有束缚。超然带来自由。当我出于友谊为世界的转变而工作时，那么我也为我自己的转变而工作，因为我是我自己的朋友。在宇宙意义上的友谊中，我放大了我的意识，看到了更大的自我，宇宙的自我。在这个身体里，我是宏观世界的缩影。这就是佛教所理解的超越日常认识的友谊。

在友谊中，我们谦卑地用双手播下爱的种子，撒下善意的肥料，用慷慨之水浇灌心灵的土壤。我们需要怀着深深的感激之情，感谢每天收到的所有生命礼赠。这样，我们才能享有自由的福祉。交朋友是令人愉悦的，有朋友的人是有福气的。

无论俄罗斯人还是美国人，犹太人还是阿拉伯人，什叶派还是逊尼派，共产主义者还是资本家，无论什么标签，人首先是人，我们主要的人类身份高于所有次要的其他身份，这就是为什么我们必须在友谊的基础上建立我们与个人、政治、经济和生态的关系。

友谊是团结人类的唯一黏合剂。通过友谊的哲学，我们意识到彼此相连、息息相关、互相依存。

佛陀在咽下最后一口气前，大弟子阿难陀（Ananda）问他："您下辈子想转世成为什么人？"佛陀回答说："不做先知，不做师，就单纯地做弥勒（maitreya）。我希望转世成为娑婆众生之亲朋。"哪里有友谊，哪里就有神明。神明以朋友的面貌出现在身边。

你可以称我为理想主义者。是的，我是一个理想主义者。但让我问问你，现实主义者取得了什么成就：战争？贫穷？气候变化？现实主义者统治世界的时间太久了，没能把全人类的和平与繁荣变为现实。所以，给理想主义者一个机会，让友谊成为我们生活和世界的组织原则。我们可能不会完全成功，可能不会实现乌托邦，但让我们最大化友谊的力量，把冲突降至最低。让我们不要彼此为敌，不要到处树敌。这值得一试，没有比通过友谊建立正确关系更好的办法了，所以不要冒犯别人，也不要生气。

敌意、冲突、争吵、愤怒、孤立和孤独使生活变得过于复杂和混乱。建立在纯洁友谊基础上的正确关系，使生活变得简单明了。但是友谊并不局限于举止、社交姿态或外交礼仪。关系也不是一种责任，它是我们存在的基础。关系和友谊必须诞生于真诚而崇高的爱。爱如何能够把我们带到简单，简单又如何能把我们带回爱？这是我们下一章的议题。

> 丢掉多余的东西就是优雅，姿势越简单就越漂亮。
> ——保罗·科埃略

第九章

爱无止境

没有什么比温柔的心灵更有魅力。

——简·奥斯汀

爱是美而简最纯粹、最深刻的表达。爱就像风,看不见,却能感觉得到。

爱是接受对方本来的样子,不加评判。同样,爱也是接纳真实的自己。因为接纳,我们共同转化、改变。爱是随顺,让人在彼此亲切的光辉中成长。

我们首先要爱自己。虽然我们常常与他人坠入爱河却仍不会爱自己。但是,只有当我们爱上自己时,我们才能好好爱他人。自我接纳让我们为接受他人做好准备。我们只有在无条件地接受自己后,才能无条件地接受他人。

就像去参加聚会时,我们会提前准备。洗脸、梳头、穿好衣服、穿好鞋子,然后才去聚会。同样,当我们爱上一个人时,我们先要关注自己。我要坠入爱河,因为我快乐、放松、自由。

耶稣说:"如同爱你自己一样爱你的邻居(爱邻如己)。""你自己"是关键词。要像爱你自己一样爱别人,言下之意是:如果你不爱别人,那便是因为你不爱自己。别人只是你自己的延伸。爱自己不是自私!只是如果你都不能爱自己,你怎么能爱别人,你又如何指望别人来爱你?

接受自己原本的样子,爱自己本来的样子,然后如所是地爱对方。你中有我,我中有你。爱自己并不意味着和别人分离。

自爱与傲慢、自负、自大无关。是自我垒了一堵墙:想要名声、赞誉和认可的是自我;渴望声望、权力和主宰地位的也是自我。

正如大地是万物之源,生出水果、鲜花和粮食。心灵同样也是智力与想象力、爱与慈悲的源泉。大地承载着杂草、荆棘,以及粗糙、嶙峋的事物;心灵同样也是焦虑、痛苦、烦恼的温床。我们需要接纳,用爱去转化。爱自己、爱邻居、爱社会、爱自然,这是一个连续的过程。我们善待自己和所有人,没人受苦,为爱而爱。

为爱而爱,不是我想拥有一个爱我的人,而是我想成为一个持爱的人。当我说"我爱你"时,我就已经无条件地献上了我的爱。对方是否爱我,不在我的掌控,与我何涉。

我如何爱人?是按照我的方式去爱,还是按照爱人需要的方式去爱?如果是真爱,我不会说:"你若如此这般,我就爱你。"当给我的爱附加条件的一刻,我就错失了爱的真挚。爱人就是放下自我,"我爱你本来的样子,不管你是谁",没有条件,没有期许。这就是纯粹的爱,是统摄所有的真爱——身体的、情感的和精神的。了无所求的爱并非不浪漫,男女之爱就是浪漫的,但爱不止于此,它是对生命、肉体和灵魂全部的爱。

像华兹华斯这样的浪漫主义诗人爱上了自然,透纳这样的浪漫主义画家也爱上了风景,雪莱和济慈则爱上了生活。浪漫是爱情不可或缺的一部分,我们要像华兹华斯爱花那样去爱。爱不是一生只此一次,我们的爱也可以像透纳每天爱大海一样。相爱的人互相倾诉:"亲爱的,你是多么美丽,多么曼妙,你是如此的绝美。尽管我是不完美,甚至很糟糕的,但你仍和我在一起。我真幸运,我爱你!"

在理性的时代,我们被告知浪漫不是一件好事。这是错的，我们必须恢复浪漫在生活中的位置。爱情不必奉行实用主义，更不是权宜之下的形婚。爱情是躯体与灵魂的结合，是最珍贵的东西。两个性格和文化不同的人走到了一起，接受这些差异并不容易。当他们走到一起时，他们不会自动交合。谈恋爱不是为了合而为一，而是为了并肩站在一起。爱情中的"1+1"并不等于"2"，而是等于"11"。在恋爱中，我们要说的是"我支持你，我一直在这里，依靠我吧！"

不同的成长背景建构了每个人不同的做事方式。当我们开始接受和欣赏别人做事的方式，而不期待对方按照我们的方式做事时，我们就开始为一段真正有爱、有韧性的关系打下了基础。在亲密关系中，真正重要的是小事，小分歧会产生大冲突。正如一本漂亮的大书是由漂亮的小句子组成的，伟大的爱情关系是由小事中的体贴周到组成的。

没有性爱，宇宙就不会存在。当男人和女人走到一起，互相拥抱，亲吻，做爱，然后一个孩子就被孕育出来了。我们每个人都是浪漫爱情的产物。我们应该庆祝性爱而不是对此感到羞涩。我们可以赞美它、歌颂它、为它写诗。交出我们的身体给别人，接受别人的身体，这是一种美好的行为。

人类、动物、植物、蜜蜂和花朵都在这样一个亲密的结合中走到一起。宇宙的设计是以爱的生物学原理为基础。没有男性和女性、湿婆（shiva）和沙克提（shakti）、阴阳合一，生命就无法存在。宇宙在爱中合一，爱是创造和喜悦的源泉。

每种感官都有双重意义：一是让我们活下去，二是给我们快乐。例如，食物就像身体的燃料，我们吃维生素片和蛋白粉可以保持生存，但仅仅满足生存是不够的。让食物变得美味、赏心悦目，这样就不仅是身体的能量，也是快乐的源泉。我们说："哇，草莓，苹果，烤土豆，米饭，真好吃啊！"我们看着花，感到愉悦；听到音乐和诗歌，感到快乐。身体要完成各种功能的同时也是为快乐而生的，就像吸墨纸一样吸收快乐。

同样，性是为了生育和繁衍，但宇宙的设计不止于此。当我们的结合带来新的生命时，我们也在表达对彼此的爱，在施与受之间体验喜悦、快乐和幸福。我们可以同时拥有效能和快乐。当我们带着神圣、美好、尊重、崇敬，以和盘托出的姿态进入爱情中，便可得见快乐。没有爱的性，就像没有香味的花，没有水的井。

在印度，性是神圣的。当我们走进湿婆庙，我们会发现什么？不是祭坛，不是雕像，不是图画，而是与女性器官结合的阴茎。男性和女性结合的器官受到崇拜。他们是湿婆和沙克提。西方有浪漫的诗歌和绘画，东方有浪漫的宗教。

在印度中部的卡修拉霍（Khajuraho）神庙，我们可以看到描绘84种性交姿势的雕像，这些姿势被精准地表达出来。这里不是博物馆，不是美术馆，不是夜总会，而是一座寺庙。人们去那里崇拜做爱的男神和女神。

没有一个印度的神是独身的。湿婆和沙克提一起，罗摩和悉多一起，黑天和拉妲以及很多其他牧牛姑娘一起。

在印度诸神中，女性的名字排在男性之前。我们说悉多罗摩，不说罗摩悉多，悉多是女性，罗摩是男性。说拉克希米纳拉扬，不说纳拉扬拉克希米，拉克希米是女性，纳拉扬是男性。拉妲黑天，拉妲是女性，黑天是男性。所以女人是第一位的，因为女人创造了世界，母亲才是至高无上的原则。位于黎明之村的室利奥罗宾多静修处，其中的寺庙并不是为了纪念奥罗宾多，而是为了赞扬母亲这个概念，是母亲神殿。归根结底，爱之神居住在男性和女性的结合中。在印度，神是爱的神，宗教是爱的宗教，就这么简单！

在男女结合中,印度教徒实行密宗性行为(tantric sex)。他们尽可能长时间地保持高潮状态。他们认为高潮状态是超越的最高状态,是自我的息止。一切都暂停了。在高潮状态中,个人的爱与神圣的爱合一,一对恋人处于完全狂喜与平衡的状态,完全没有对立和分隔。

当我们真正相爱的时候,我们无时无刻不被爱包围。醒来的一刻,我们爱上美丽的天空和日出,爱上鲜花和蝴蝶。我们在一粒沙子里看到上帝,在一片叶子里看到神圣的爱。我们爱上男人、女人、父母、孩子,爱上所有人。这是为了爱而爱。没有其他动机。除了爱神,我不崇拜别的神。

爱是方法,也是目的;爱是道路,也是终点。没有一条路通向爱,爱本身就是路。爱是一种存在方式,我们必须学会爱我们做的事,做我们爱的事。正如孔子所说:"知之者不如好之者,好之者不如乐之者。"

爱是无限的,无条件的。"如果你爱我,我也会爱你"或"我会爱你,但你必须对我好",这些都不成立。爱的真正信念是,不完美也去爱,是爱让人都变得完美。爱上一个爱你的好人是很容易的事,但是真正的爱是无条件的,不求回报的。爱不适合懦弱的人,爱需要勇气和信念。爱从慈悲和感激中破茧成蝶。

不要让我们的世界被愤怒、骄傲、仇恨、侵略、战争所支配,这些消极的力量是人性的阴暗面。生活的本质是爱,让我们的生命被爱主宰,而慷慨、善良和信任则是爱的不同方式。

在个人生活中,我们多长时间会生一次气?一天,两天,还是一周?当我们生气的时候,会持续多久?五分钟,五个小时,还是五天?愤怒和仇恨是偶发的,也是短暂的。但爱是持久且永恒的。

世界上大约有70亿人,在同一时刻卷入战争的人有多少?五百万,一千万?永远是少数。大多数人生活在爱与和平之中,互相帮助,互相关心。

佛陀和耶稣被数百万人追随,因为他们走的是爱的道路。全世界的人都钦佩圣雄甘地、纳尔逊·曼德拉、特蕾莎修女和马丁·路德·金,因为他们宣扬并践行爱。谁又想步希特勒的后尘呢?甚至当一些武装革命者受到赞扬时,人们所钦佩的不是他们的暴力手段,而是他们为正义而战的信念和对普通人的爱。一些人会把他们的价值信仰寄托在武力上,但总的来说，人还是靠爱的力量生活的，因为爱而更快乐。爱是理想，也是实用的方法。爱中有真正的安全感。

爱是坦然面对甘苦、得失、悲喜。当我们通过想象，把爱带入实践，将分离的幻象转化为人间的集合，对立的矛盾与差异就合而为一了。当我们超越好恶，欢庆生活的本来面目，喝下爱的甘露时，奇迹就发生了，转变就发生了。正如苏菲派诗人贾拉勒丁·鲁米（Jalal ad-Din Rumi）所说：

因为爱，苦涩变甘甜

因为爱，铜币变黄金

因为爱，污浊被澄清

因为爱，苦痛被疗愈

这是爱的转化。

生活是爱情的风景，爱是生活的颂歌。爱没有逻辑，而是纯粹的魔法、纯粹的诗、纯粹的快乐。

请允许自己被爱席卷，把你从批评、抱怨、比较中解脱出来。践行博爱就是认识到之所以那些人行为败坏是因为他们未曾被好好爱过。W.H. 奥登（W.H. Auden）更进一步，他说："那些被邪恶伤害的人，也会邪恶的对别人。"

威廉·布莱克（William Blake）告诉我们：

爱让人无视缺陷，

永远在欢悦中流连，

冲破法典，振臂飞天，

消弭心灵间的界限。

耶稣说"爱你的敌人"，这不是随口一说，他是认真的。他相信"爱无所不胜"，爱能征服一切。因为爱，敌人变成了朋友。爱不会抓住错误不放，甘心容忍。爱是勇敢，唱出爱之歌，所有的烦恼和痛苦就会烟消云散！活在爱的狂喜中，爱就会成为生命的支柱。

爱就是看到上帝，因为上帝就是爱。对神秘主义者和苏菲派诗人来说，上帝是作为被爱者出现的。爱是地球上最伟大的信仰，爱是所有美德之母——和平与慈悲、慷慨与谦逊都是从爱中诞生的。爱情是雄伟壮丽的，哪里有爱，哪里就有希望。

持爱的人不会冒犯别人，也不会生别人的气。持爱的人不树敌，也不与人为敌。仇恨是敌意的产物，友谊是爱的果实。蜜蜂爱恋鲜花产出蜂蜜，恋人相爱产生幸福。爱是生命的目的，通过爱，我们找到生命的意义。

生活就是为了爱。爱就是冒险，冒着被伤害的风险，冒着不被爱的风险。不要再盼望爱你的人出现，自己先成为那个持爱的人吧，爱侣是你去爱的结果。

爱唤醒灵魂，滋养心灵。爱是心灵最美丽的咒语，给我们的生活带来欢乐。爱是灵丹妙药能愈合所有伤口，平复愤怒和焦虑，消融恐惧和怨恨。

对自己的爱、对爱人的爱、对人类的爱、对自然的爱，这些爱是一个连续的过程。我们需要善待自己和所有人，由此无人受苦，谁都可以体验爱的欢愉，畅饮爱的甘露。

爱对我们来说就像呼吸一样自然。鲁米说："你的任务不是去寻找爱，而仅仅是寻找并发现你内心所筑起的所有障碍。"

爱无所不包，千变万化，比如对知识的热爱产生文献学，对智慧的热爱产生哲学，对人的热爱产生慈善事业。坠入爱河，被心爱的人拥抱，这是多么的美好啊！但是爱不是一生只发生一次的事情。如果我们愿意，我们每天都可以相爱。爱是奇迹，生命的诞生源于爱。每个人都是爱的孩子。没有原罪，只有属于我们的爱。

爱超越理性，超越领悟能力，难以言表，爱把我们带到一个超越是非的地方，一个宽容和慷慨的地方。这是生活中深沉的爱。我们需要的只有爱，因为爱就是一切，爱是答案。那么，你的问题又是什么？

但我们是人，时不时地，我们会从爱的荣耀中坠落，掉入仇恨、愤怒、怨恨所带来的耻辱中。正如我们通常是健康的，但也会生病，需要吃药治病。同样，当我们被仇恨所征服时，我们需要宽恕。宽恕是仇恨、恐惧和愤怒的解药。仇恨、恐惧和愤怒会占据我们的情绪、思想和灵魂。有了宽恕的扫帚，我们可以扫除心中的尘埃，重回爱的简单。下一章我将介绍如何安住在宽恕的家园。

> *当我知足时，我就会满足。当我不知足时，总是不满足。*
> ——印度谚语

第十章

宽恕的力量

你能送给自己最大的礼物就是宽恕,宽恕每一个人。

——玛雅·安吉罗

为了简单的生活，在灵性上修行简单，我必须获得宽恕的力量。我在徒步8 000英里横穿大陆时，曾两次面对枪口。一次在法国巴黎，一次在美国佐治亚州的亚特兰大。在巴黎，一个拿着枪的法国白人以为我是阿尔及利亚恐怖分子。当时阿尔及利亚战争即将结束，他认为我可能是个危险分子。而我刚刚从印度途经莫斯科走到巴黎，一路宣扬和平、非暴力和宽恕。在这个文明中心，我被看作是暴徒，恐怖分子，真是讽刺。

多亏了当时我去拜访的一位朋友，我才逃过一劫。她向那个人解释说，我不是恐怖分子，是她的朋友，是和平主义者。事后她想报警，但我对她说："拿着枪的那个人充满了恐惧，他害怕失去什么，不知是白人的优越感，还是他的生命，或者是其他什么。但最终他需要的是接受自己的恐惧并克服它,把他抓起来并不能解决问题。"

我的朋友说:"可你差点没命了!"

我答道:"是的,我可能会死。生命有长短之分,死亡只有一次,如果生命之长要心怀恐惧与仇恨,我宁愿不那样活着。"

第二次经历也差不多。1964年,在佐治亚州亚特兰大与马丁·路德·金会面后,一位英国朋友请我去了一家餐馆,他不知道这家餐馆只接待白人。服务生拒绝为我们服务,所以我去找经理要他作解释。他说:"我们没有解释,赶紧走!没有如果!没有但是!"

我意识到被拒绝是因为我的肤色,我回答:"不,我不走!"

"滚出去!"他冲我大吼,服务员和顾客围了上来。

我说:"对不起,但是你为什么会生气?我没有伤害你。我只是喝茶。我们可以先付钱。有什么问题吗?"

经理拉开抽屉,掏出一把枪,说:"马上出去,否则……"越来越多的人围了上来,我被他们抓着,推搡着出了门。

后来我向美国国务院投诉,我认为美国政府应该知道在他们国家的餐馆里发生了什么。我并不是想惩罚餐馆老板，而是希望改变法律，我也收到了美国国务院的道歉。但无论如何，我并没有感到痛苦。店主的行为是出于恐惧，害怕失去白人的优势，害怕被少数黑人的力量压倒。马丁·路德·金说过，白人群体不需要害怕黑人。黑人群体不希望统治白人，但他们更不希望被白人统治。在上帝眼里，我们都是平等的。不管我们是什么颜色，我们的皮肤下都流淌着红色的血液。基本的人权与生命的尊严应该为所有人享有。

我明白了宽恕的心理艺术和伸张正义的行动可以并肩而行，宽恕不意味着向不公投降，为正义而行动也不意味着要报复或伤害对手。

对我来说，练习宽恕可以追溯到我的耆那教背景。18岁以前，我作为一个童僧，每天晚上睡觉前都会念一段有关宽恕的曼怛罗[①]：

"我原谅地球上所有的生灵，我乞求所有生灵的宽恕。我珍惜与众生的友谊。我没有敌人。"

[①] 曼怛罗，印度教、佛教的咒语，或一字，或数字，也有成句者。——译者注

如果我躺下时忘了念诵，我会再爬起来，闭上眼睛，静下心，念咒两次。不只是表浅地念咒，我深深地体会到其中的含义，同时深刻地感受到我与众生的合一。"任何人都可能与你为敌的想法是错误的"，我的上师说，"恐惧使你有了敌人，所以恐惧就是你的敌人。征服恐惧，你就征服了所有敌人。"

除了日常持咒，耆那教徒还有一年一度的宽恕节。在季风季节的某一天，所有耆那教徒都斋戒24小时，只喝开水。清醒的时候，在回想过去一年里可能对别人造成伤害的念头、话语或举动。这是诚恳反思的时间。每次回忆中出现愤怒、烦躁或傲慢的念头，我就重复"我原谅，我原谅，我原谅"这句话。我在寻求别人原谅的同时，也原谅了自己的缺点。

我清晰地记得，经过24小时的身心排毒后，我感到一身轻松，备受疗愈，仿佛肩上卸下了一个巨大的包袱。斋戒结束后，我去找朋友和家人，当面请求原谅。我低头摸着僧伴的脚，真诚地诉说，即便他们曾惹恼了我，我也没有记恨他们或者感到被伤害。我来寻求宽恕，也给予宽恕。

在这一天，如果有些朋友或家人住得远不方便见面，耆那教徒也会写信请求原谅、表达宽恕、原谅自己、原谅同袍、寻求他人的原谅，同情、慷慨，互助互惠，以沟通和爱构建我们成长的基础。没有宽恕，就无法感知和谐与安宁。

宽恕带来了免于恐惧的自由。当我们从恐惧中解脱出来时，我们就生发出创造力，这是人类幸福的必需品。当我们被愤怒和仇恨冲昏头脑时，我们无法得到身心的满足。幸福是身心平静的结果。耆那教教导我们，生活的目的是幸福或阿南达（ananda）[1]。当我们心中没有敌意，没有敌人，不冒犯别人也不对别人生气时，幸福就出现了。如果有人想与我们为敌，我们可以通过耐心和宽恕来化解他们的敌意。

只有当人伤害或侮辱了我们，才可能出现宽恕。消极的体验反而为我们提供了一个培养同情心的机会，同情心是仇恨的解药。如果没有人做出消极或有害的举动，那么就没机会练习宽恕。如果有人伤害我们，我们就以牙还牙地去报复他们，那我们将沦为和他们一样。伤害在你来我往的暴力中不断加剧。增加攻击性对任何人都没有帮助，人不能通过添

---

[1] 印度教、佛教和耆那教用语，意为极乐，妙乐喜。——译者注

柴来灭火。扑灭侵略和愤怒之火的唯一方法是用宽恕之水。宽恕之水不是一个被动挨打的消极表现,宽恕之水是采取积极的行动,在面对极度负面的状态时,也能发现一个人的优点。

维诺巴曾经向我们介绍过通往宽恕的坦途。有些多疑的人只能看到他人的缺点。他们的顾虑阻止了他们践行宽恕。有些人在他人身上能看到优点,也能看到缺点。对于这些理性主义者来说,践行宽恕也很困难。再就是主要看别人优点的人,他们有条件开始践行宽恕。还有一些人,一旦发现别人身上的某个小优点,就会将其放大,予以赞赏。这些人正是容易走上宽恕之路的人。

我曾对从小行为就能看出一个人是否诚实的说法表示怀疑。维诺巴回应说,当你看到一个人身上的小美德时,你需要意识到,这良好的品质代表着隐藏在他们心中的美德宝库。专注于这种美德,你就照亮了它。这相当于看一张地图,虽然在地图上你能看到 1 英寸[①],但你知道在地面上是 10 英里。

[①] 1 英寸 ≈0.0254 米。——译者注

同样，你在一个行为不端的人身上发现一个小小的美德，你就知道他或她有成为圣人的潜力。事实上，宽恕可以把一个邪恶的人变成圣人。

地主往往被认为是卑鄙和贪婪的，但慷慨的维诺巴总是能鼓动和说服他们捐赠土地和财产给穷人。维诺巴创造了一个一个奇迹，他召集了450万英亩的土地作为礼物，在献地运动中分给了那些一无所有的底层劳动者。在维诺巴的见证下，地主们公开请求穷人原谅，因为他们的家庭已经剥削了几代人。作为回报，没有土地的劳动者宽恕了地主。宽恕的交换治愈了世代的创伤。最后，许多村庄实现了和解，出现了和平。

维诺巴生活中的另一个宽恕的例子是劝降武装强盗和土匪，这些匪徒在印度中部肆意掠夺农民。维诺巴带着爱和宽恕的力量找到他们，用尊敬的态度与他们对话："你们是叛逆者，我也是叛逆者，我们之间唯一的区别就是我以慈悲为武器。我赞同你们的反叛精神和勇气，让我们一起为社会带来正义和平等。"在那之前，每个人都谴责这帮人，称他们为罪犯，但维诺巴称他们为叛逆者，勇敢的人。他的话改变了这些人的心意，他们交出了武器，寻求宽恕。经由法律，他们受到了监禁，但他们重新获得了公众、媒体和政府的尊重与赞扬。最终，他们和他们的家人通过耕种土地以及经营正当的个体产业而重回生活。

虽然在童僧时期，我被教导每年参加一次宽恕仪式，但作为成年人，我知道宽恕并不容易。有些事可能需要很多年才能完全谅解。我自己挣扎了很久才原谅我的妈妈和我的上师。

我妈妈在生活中的大部分时候都很包容，但在宗教原则上，她很严格，几乎是死板的。当我离开寺院，充满期待地回家，期待妈妈在家盼着我回去，可她当时说："不行，你不许进门！"我大吃一惊，她甚至都没给我一杯水喝。

"我是您的儿子。"我恳求道。

"不，你不是。九年前你放弃了家，承诺自己要做一辈子的僧人，回到图尔西大师身边去，求他原谅，重新收你为徒。"

我简直不敢相信自己的耳朵。这就是那个深爱着我的妈妈吗？我充满了失望、不安和愤怒。

"我不会回到他们身边，"我说，"你再也不会见到我了。"我发出威胁，转身离开，踏上了通往菩提伽耶的甘地精舍的路。

多年以后，我的母亲和我的上师在交谈。他对她说："你儿子还带着僧人的精神。他像僧人一样徒步环游世界。他身无分文，云游四方，一直在倡导和平与非暴力，他做的一切都让我印象深刻。"

大师的话让妈妈的心软了下来。不知用了什么办法，她发现我住在瓦拉纳西。妈妈找到我，但那时我仍然对妈妈充满了愤怒和怨恨：我无法忘记那一天，我无家可归、身无分文、脆弱不堪，而我的妈妈把我拒之门外。

"我来看你，请求你的原谅。"这是我母亲的第一句话。我无言以对。我能说什么呢？我能做什么呢？

"虽然你离开了寺院，但和平朝圣仍是一个僧侣的行为。无论如何，我后悔当初的行为。你在为世界和平而努力，我为你的成就感到欣喜。我想和你讲和，妈妈是来祝福你的。"

这完全出乎意料。妈妈的温言软语让我的心融化了。她一个人从500多英里外的拉贾斯坦邦远道而来，换了两次火车。这是在她和我把父亲的骨灰撒入恒河后,第一次来到瓦拉纳西。妈妈的谦卑和大度打动了我。

"妈妈,谢谢!"我回答,"妈妈,我这十年过得好辛苦。我能找到另一位导师,比如维诺巴,我可以找到新朋友,但我找不到一个母亲。你的拒绝伤害了我。我真高兴你来了,你原谅了我。我也原谅了你当初的拒绝。你不仅给了我生命,也给了我你的智慧,谢谢您,妈妈!"当我说这些话的时候,泪水顺着妈妈的脸流淌,我也哭了。我们抱在一起——这是我一生中最长、最紧的拥抱。

当年我离开时,我的导师图尔西非常沮丧。事实上,除了沮丧,他还非常愤怒。这出现在一个修为如此之高,备受尊敬的精神导师身上着实让人意外。图尔西不仅是我的导师,他也像我的父亲一样,照顾我、教导我、关心我。我的离开,怎么讲都是背叛:我违背了终身出家的神圣誓言,我拒绝了图尔西,去追求世俗的生活,这是不忠和忘恩负义。

在我离开后,图尔西立即派他的信徒来追我,劝我不要离开,他们试图强迫我回去。图尔西甚至试图影响维诺巴,不让我加入他的精舍。好在维诺巴没有放在心上,但是上师的做法让我更加叛逆，我开始反对有组织的宗教，尤其是耆那教。我和上师之间的激烈对抗至少持续了七八年。图尔西通过他的信徒传话，他再也不想见到我了。对我们俩来说，那段时间漫长而痛苦。

但时间会治愈一切。图尔西一直在关注我的消息，了解我在做什么。我徒步世界促进和平的举动让他的心软了下来。他在我母亲面前夸奖我，但他从未向与我迈出和解的脚步，我也没有。我曾以为我们今生再也见不到对方了。

一段时间之后，我离开了印度，结婚生子，我的儿子叫穆克提[①]。穆克提二十多岁的时候去印度寻根，想多了解一点他父亲的祖国。我没给他任何提示和介绍，他就去了我的出生地，在那里遇到了图尔西。当图尔西知道穆克提是我的儿子时大吃一惊。一番交谈后，图尔西说："你有纸和笔吗？"

"当然有的，先生。"穆克提说。

"请带话给你父亲，'你的行动和成就令人钦佩。过去的都过去了，一切都该被原谅。'请把这些话转告你的父亲，让

[①] Mukti，来自梵语，有解脱之意。

他回来看看我。"图尔西说。

穆克提回到家对我说:"爸爸,你必须去见你的上师,你必须去。他老了,从他的表情里,我能看出他渴望在去世前再见你一面。"我儿子强烈地恳求。上师的消息也让我感动,所以我对穆克提说:"好,我尽快去见他。"

我不敢一个人去,所以请求我亲爱的朋友约翰·莱恩(John Lane)——一个对印度很感兴趣的人,陪我一起去见我的上师。令我高兴的是,约翰答应了。我们飞到德里,坐火车前往图尔西居住的拉德农镇。

傍晚,约翰和我去找图尔西。从一个大厅的这头,我们可以看到他坐在一个高高的讲台上对门徒和客人讲话。由于约翰是个大个子,也是大厅里唯一的一个西方人,我们立刻被注意到了。其中一位管理人员在得知我是谁后,把我们带到了前排,图尔西发现我出现在他身边,非常惊讶,也非常高兴。

"你在这儿要待多久?"他问到。

"至少一天。"我说。

"那可不够,我们有很多话要谈。在这里多待几天",图尔西坚持道。然后他说:"桥下的流水不知流走了多少",他停顿了一下,"你离开我是多久以前的事了?"他努力回忆。

"快40年了。"我说。

"当时我对你抱有很大的期望。每个人都认为你会成为优秀的上师。有些人甚至认为你将继承我的衣钵,所以不仅是我,所有认识你的人都非常失望。我们都感到被背叛了。你怎么能这么做?我们还能为你做些什么呢?"

许多图尔西的弟子和信徒都是同样的想法,我被给予了这么多的爱与关心、栽培与照顾,然而我没有表达任何感激之情,就这么突然地离开了他们和寺院。我从他的声音中听到痛苦,即使是多年以前的事,那伤口显然还未愈合。我记得那些日子,也记得图尔西有多爱我。

"我为我的离开真诚地道歉!我很遗憾没有对您为我所做的一切表达感谢。但是,谢谢您发出邀请,让我来看您,谢谢您让我的儿子穆克提传递信息,一切都被谅解了。"我说。

我们沉默了一会儿。然后我继续说:"您的教导和智慧影响了我的生活。我学会了简单而轻松地生活在这个地球上。我已经像您教我的那样懂得了超脱。我一直记得您的话,爱和依恋是不一样的。我从您那里学会了相信自己，相信这个世界。没有语言能表达我对您的感激之情。"我泪流满面。约翰把手放在我的肩膀上，递给我他的手帕。

"你做得很好，"图尔西说，"我听说了你的冒险经历，你的朝圣之旅，以及你让世界变得更美好的承诺。如果我的教导对你有帮助，那我很高兴。我祝福你，祝你在人生旅途充满幸乐。"

这是上师的大度和宽恕，我一次又一次地向他鞠躬行礼。约翰和我花了几天时间同图尔西讨论世界现状，以及非暴力原则是如何成为耆那教教义包括它对世界不可或缺的独特贡献。

"对自己的非暴力和对他人的非暴力必须囊括对众生的非暴力。我们不仅要尊重全人类的基本尊严，也要尊重所有生命的基本尊严，这一点至关重要。"再次听到上师的教导，我感到心安和疗愈。

另一个宽恕的事例来自乔·贝里（Jo Berry），她是保守党议员安东尼·贝里爵士（Sir Anthony Berry）的女儿。1984年，她的父亲在出席保守党年会时，在布莱顿酒店爆炸案中被爱尔兰共和军杀害。乔对我说,"父亲就这么死了。就这么死了!"失去父亲的创伤和悲痛让她思考了很久,这是一段艰难的时光。"我可以寻求报复,也可以寻求和平",她反复思考,最终选择了宽恕,战胜了责备和仇恨。

"最难的是宽恕帕特里克·马基(Patrick Magee),是他放了炸死我父亲的炸弹,"她回忆道,"他出狱后,我在都柏林的一个朋友家遇到了他,我很害怕。起初他为自己的政治观点辩护,但后来他听到我的痛苦,他也发生了变化。他已经摘下了政治帽子,他的人类之心开始闪耀。我对他说:'让我们互相原谅吧。无论我做什么,没有什么能让我的父亲起死回生,但让我们一起做点什么,这样就不会有女儿或儿子在未来会在如此暴力的情形下失去父亲。'"

这是真正的和解!暴力的受害者乔·贝里原谅了杀害她父亲的凶手帕特里克·马基。从那时起,他们一起努力为和平搭建桥梁。他们在一百多次会议上共同发言,用他们鼓舞人心的话语打动人们,提醒听众:暴力招致暴力,报复招致报复。前进的唯一道路是原谅和忘记,重新开始。俗话说:

第一个道歉的人是最勇敢的。

第一个原谅的人最坚强的。

第一个忘记的人是最幸福的。

过去的负担我们能背负多久？历史充满了各种形式的暴行和残酷——奴隶制、种族主义、殖民主义、种族隔离、大屠杀和种族灭绝。

帕特里克·马基被判了八次无期徒刑。法官认为他是一个极其残忍和不人道的人。最终，他在狱中服刑14年，因结束爱尔兰宗派冲突的《耶稣受难日协议》(《贝尔法斯特协议》)而被释放。现在他是一个脱胎换骨的人，用余生来播种爱而不是恨。有人说："没有宽恕就没有爱，没有爱就没有宽恕。"

这个故事说明，好与坏住在每个人的心里，每个人都有改变的可能。同情和宽恕的力量远大于惩罚和报复的力量。

最后一个宽恕的故事讲的是南非真相与和解委员会（Truth and Reconciliation Commission of South Africa），该委员会被证明拥有二十世纪政治史上和平运动的最高成就。许多伟大的活动家致力于结束种族隔离政策，并为此进行了漫长而艰苦的斗争，包括在狱中度过了27年的纳尔逊·曼德拉（Nelson Mandela）。这段反种族隔离运动的历史被很好地记录下来并广为人知。在这令人惊叹的进程中，最让世人瞩目的是受害者的宽容大度。作为新南非的总统，曼德拉主张人们认识种族隔离政权所犯下的不公正、残忍和暴力的罪行，然后放下过去，继续前进。为了实现这一目标，曼德拉成立了真相与和解委员会，由南非前大主教德斯蒙德·图图（Archbishop Desmond Tuth）担任主席。为了避免胜利者的审判，任何一方都不能免于在委员会出庭。最终，849人获得大赦和宽恕。

正如美国电台主持人伯纳德·梅尔策（Bernard Meltzer）所言："宽恕不会改写历史，但会改变未来。"这种方法与纽伦堡审判所采取的方法截然不同。和解的方法已被证明是处理种族隔离罪孽的成功方式。

从我的个人经历以及各位活跃的政治活动家的经历中，我发现许多通过宽恕解决冲突的事实。报复和惩罚只会加剧创伤和分裂，不会带来弥合。我们已经受够了冲突和战争，现在是世界人民致力于和解的时候了。和解和宽恕是勇敢者的道路,正如圣雄甘地所说:"懦弱的人永远无法学会宽恕,宽恕属于强者。"

人类社会中有许多冲突和宽恕的例子。今天,最大的冲突是人类无尽的贪婪和地球有限的资源之间的矛盾。在过去的几个世纪里,工业社会破坏了地球的资源,将动物、森林和海洋视为榨取对财富的对象,人类与自然开战。我们对待土地和污染生物圈的方式就像战争一样残忍。现代社会的使命似乎是征服自然。

总有一天,人类会认识到自己的愚蠢,并向地球请求宽恕。到目前为止,大多数人还认识不到他们的愚蠢和鲁莽。他们仍然认为利用自然界来满足全球日益增长的消费需求是人类的特权。尽管世界上越来越多的人认识到地球的承载力是有限的,人类需要简单的生活,并且人类是自然不可分割的一部分,并非地球的主人,但这种观点仍然不是主流。我们可能需要一段时间才能意识到错误的严重性。但迟早,我们需要请求地球的原谅。我相信地球是慷慨大度的,会原谅我们,让我们有机会修复我们造成的伤害。但是如果我们没能及时意识到错误，人类将不可避免地出现生存危机。

越来越多的人认识到人类必须与地球和谐相处。2015年底，世界近200个国家的政府齐聚一堂并达成共识：人类活动，特别是化石燃料的过度使用导致的气候变化，将对地球和人类文明以及许多物种的生存产生灾难性的影响。令人惊喜的是，大多数政府现在都在落实《巴黎协定》。如果这些政府都信守承诺，减少碳排放，在我看来，这将是人类向地球请求原谅的第一步。

在非政府层面，大量的社区正采取行动减轻人类活动对地球的伤害。转型城镇（Transition Town）运动就是一个鼓舞人心的例子，它让人们承担起责任，寻求从化石燃料向可再生能源的转化。转型运动鼓舞了世界各地400个城镇和社区，他们采取积极行动，减少他们对于有害运行机制的依赖。在我居住的德文郡，托特尼斯是第一个参与的城镇，我不仅见证了他们态度的转变，也见证了他们生活方式的转变，这种转变为我们与地球家园建立了一种更加谦卑和感恩的关系。这种谦卑本身也是向地球请求宽恕的一种方式。

生活中充满了会动摇我们信念的矛盾、困境和选择，而正确的关系、超然的爱和无限的包容是深层信仰的果实，会将我们引往正确的方向。我们相信，我们必须超越对立的纷争，通过践行和平达到平衡的状态。如此，我们将更有可能过上美而简的生活。在下一章，让我们一起与对立面共舞。

> *如果不能简单地说清，你就没有真正懂得。*
> *——阿尔伯特·爱因斯坦*

第十一章

与对立面共舞

> 生与死是一体的,如同江河与大海。
>
> ——卡里·纪伯伦

任何时候，平静都能带来心灵的简单。秋末冬初是一个特殊时期，是一道通向黑暗的门槛。我们应该以敞开的心态走入冬天，欢迎黑暗。冬眠是休息和恢复活力的时候，我们应该拥抱漫漫长夜，坐在火炉旁，一起读故事，一起唱歌跳舞。黑暗笼罩，这些事情可以更容易达成。黑暗不是什么可怕的东西。当我们白昼很长，夜晚很短的时候，我们想出去散步或做园艺，但是当夜晚又长又暗的时候，我们可以潜入想象，去写诗，去读《战争与和平》。没错，光明是受欢迎的，但黑暗也同样受欢迎。很多人谈论启蒙（enlightenment）①，但是我们也可以谈论黑暗的启示，这是对立中统一的艺术。

当森林一片漆黑的时候，怕鬼魂或自然精灵的人就害怕

---

① "启蒙"一词在英文中源于"光"，是 light 的动名词 enlightenment。——译者注

到树林里去，但是没有必要害怕。当我们死后，我们也会变成鬼魂，成为大自然的精灵。当我们不怕鬼魂的时候，鬼魂就成了朋友。自然之灵、人类之灵和鬼魂都是同一个能量场的一部分。鬼魂不会和所有人交流，如果你能吸引鬼魂，那么你的气场里一定有特别的东西！

不管你是否有过遭遇鬼魂的经历，黑暗都是我们生活的一部分。我们都需要和黑暗交朋友。只有在黑暗中，我们才能真正休养生息。黑暗给了我们一个重生的时间，当我在阳光下工作了许多小时后，我渴望黑暗。我关灯，让房间变暗。如果街上的光照进来，我就拉上窗帘，让房间变暗。当窗户、窗帘和门都关上时，我就可以放松了。最后关上我的眼睑时，我就睡着了。

当我们睡着时，身体中白天失去的能量得到恢复。在天光中，我们做园艺、烹饪、学习、散步、工作和玩耍，消耗体力和大量的能量。我们只能在黑暗中恢复能量。

精神恢复也发生在黑暗中，神秘主义者称之为灵魂的暗夜。当我们经历情感困扰、心理问题、精神危机时，我们就如同身处黑夜里。如果我们能平静地接受这种黑暗状态，我们就能更坚强地走出来，变得强壮。在这种"黑暗的夜晚"，我们运用我们的想象力、我们的信念和我们的冥想来面对危机而保持镇定。每一次危机都是机遇，怀疑和沮丧的危机让我们与更深层的自我重新联结。

我们大多数人都将经历个人内心的危机。将危机转化为机遇的第一步是认识到"我正处于危机之中"，意识到自己的精神状态便是治愈的开始，下一步就是让自己有时间、有空间去冥想导致危机的原因和因素。冥想是心灵最好的药方，从词源上看，冥想和医学这两个词源自同一个拉丁语词根"midure"，意思是"注意"。当身体出问题时，我们会吃药；当思想需要集中时，我们会冥想。集中是让我们探求到自身危机原因的第一步。然后我们很快会意识到，我们内心危机的根源是自我、野心、控制欲、对于物质和财产的执着，以及对权力、地位、金钱和地位的渴望。

地球危机也源于类似的原因，人类开始相信我们可以控制自然，可以统治海洋、森林、河流和动物。是的，我们可以登上月球，可以制造核武器，但是如果我们进行深度反思，我们会意识到我们没有那么强大。我们没有龙卷风那么强大，也没有飓风那么强大,即使是一场大雨也能让我们无所适从。我们需要谦虚,尊重自然的力量,为了解决环境危机,我们需要与自然世界和谐相处。我们既不需管理地球,也不用控制自然,是时候去学会谦卑了。

正如外部世界的海啸和风暴,内心世界也有海啸和风暴。这些时候,我们需要培养对自己和对地球的同情心。掩盖危机不是办法,任何危机都需要被关注。我们需要带着慈悲与感激来解决问题。所有的危机,无论外在还是内在,都来自于脱节。解决这些危机需要重新联结。在冥想中,我们需要专注于我们内心与外部世界之间深刻又不可动摇的统一和联结。

在印度,我们见面时,会双手合十说:"纳玛斯代。"意思是"向您鞠躬"。双手合十,就创造了一个共同体,两者合二为一。双手合一,你我合一,对立走到了一起。一体两面实则阴阳互补,如上下、男女、明暗、正反,对立的统一创造了整体性和完整性。如果全年都是夏天,阳光明亮,那就没意思了。让黑暗的冬天来平衡夏天是件好事。这是大自然的美好设计。每个季节各美其美,一同形成整体。

健康很重要，但生病也有其意义。只有活着的人才能感觉到头痛，死去的人是不会的。生病时，我们有机会睡觉、休息、放慢速度。家里有人生病也给了一个家庭团聚的机会，照顾病人，彼此关心。如果我们从不生病，从不需要任何人，就没人能有机会帮助我们。疾病是一个黑暗的时期，但这也是一个休憩、让身体自愈的机会。

我们在两个世界中生活，自然物质世界和形而上的精神世界。我们生活在树木、河流和山川之中，经历着风暴、洪水和地震。同时，我们也生活在思想、情绪和感受之中，也经历愤怒、恐惧、怀疑、沮丧带来的危机。当我们生活在大自然的美好中时，我们的内在也可以徜徉在爱的世界里。我们需要接受迷茫与确定、怀疑与信仰、黑暗与光明、模糊与清晰、坎坷与顺利、痛苦与快乐、得失与成败。当我们能够接受一切并平静对待时，我们就能够轻松地航行于生活的大海中。

这是以阴阳为象征的生命之舞，阴阳是一个半黑半白的圆，黑中一点白，白中一点黑。这是合一的完美象征，没有全然的黑暗，也没有全然的光明。因此，我们在光明中应记得黑暗，在黑暗中，应记得光明。在印度肖像研究中，存在一种神圣的范式，它是半男半女的湿婆——沙克提，集阴阳于一体。每个男人都有阴柔的一面，每个女人都有阳刚的一面，刚柔并济，这就是黑暗与光明、内在与外在、阳刚与阴柔、物质与精神的运动，是平衡的表现。宇宙就处于这种对立的舞蹈中。

生与死共同构成了生命的整体，死亡带来新生。我们永远不需要害怕死亡，永远不要觉得死亡、痛苦、困难是坏事。死亡是解放和转化，不是生命的终结，而是通往新生的大门。精神永恒，生命永恒，我们为什么要怕死呢？我们要像迎接春天和新生一样迎接冬天和死亡。

当年作为一个四岁的小男孩，父亲的去世让我骇然。九岁时，我离家去寻找一个没有死亡的存在，但现在我意识到没有死亡就没有新生。死亡不是悲观的，死亡和出生一样是必需的。

从出生我们就开始攀登生命的珠穆朗玛峰，死亡时我们登顶。登顶怎么会让人害怕呢？死亡是解放，我们从生病和衰老的身体中解脱出来；从愤怒、焦虑、痛苦中解脱出来；

从骄傲、偏见和激情中解脱出来；从怀疑、沮丧、绝望中解脱出来。为什么我们不高高兴兴接受这样的自由？

我妈妈会说："当你感到脆弱和无力，感到生命即将消逝时，那你就去迎接死亡，而不是等待死亡降临。"当她年过八十，人已经相当虚弱，视力和听力严重下降，她说："不，我不要戴眼镜和助听器。"有天早晨，她拄着拐杖，走到儿女面前，对他们说："从今天起，我要斋戒直至死亡。如果我说了什么伤人的话，或者做了什么令人不快的事，请原谅我。"她请求朋友和全家人的原谅。然后她回到家，待在自己的房间里。消息传开了："安奇·黛维（Anchi Devi）正在绝食等待死亡。"人们从四面八方赶来，坐在她身边，唱着圣歌，感恩她的良善。接下来的一个月里，她只喝开水。在这段时间里，有庆典，有音乐，有诵经，有请求原谅的人，有给予原谅的人，还有来说再见的人。她把剩下的钱都分给穷人，就这样平静而幸福地离去。

她的遗体被安放在漂亮的轿子上，人们列队走向火葬场。火葬柴堆由九种不同的木材组成，包括檀香木和椰子，散发着香味。火是大儿子点燃的，送葬的人留下来，直到遗体化为灰烬。第二天，家人收集骨灰，撒在恒河里。骨灰溶解在河水中，汇入大海，蒸发到云层中，随着雨落入土壤。她的每一部分都将复归宇宙，成为生死循环的一部分。

我的导师维诺巴在88岁时患上了严重的胃溃疡，朋友带他去了医院。医生检查后说："这是晚期溃疡，可以手术，但我们只有50%的成功几率。你需要签字手术。"维诺巴说："这么大年纪了，我不想做大手术。我要斋戒，直至死去。"他非常虚弱，只维持了七天，但那七天充满了庆典活动。在他斋戒期间，印度总理英迪拉·甘地前来致敬，共五万人参加了他的葬礼。流经维诺巴精舍的帕拉姆丹大河在他逝去的季节是干涸的，所以在火化他遗体的河床上挤满了人。当季风归来，河水再次流淌，他的骨灰将与河水一道前往大海。

斋戒直至逝去是一种神圣的死亡方式，得到了印度教和耆那教的推崇。《薄伽梵歌》教导人们，如果旧衣服穿破了，我们要怎么办？丢掉旧的、换上新的。肉身就像一件衣服，当它又老又弱的时候，它会死去，然后我们会得到一个新的肉身。精神永不消逝，生命通过死亡"重生"。

在印度的传统中，我们不认为死是坏事，生是好事，我们也不会必须不惜一切代价让人们活着。死亦生，生亦死，生死相依，它们是同一枚硬币的两面。没有生，就没有死；没有死，就没有生。在人的旅途中，出生是进入此生的时点，死亡是离开此生的时点，来来去去，是一个连续的循环。正如艾克哈特·托尔（Eckhart Tolle）所说："生命不与死亡对立，死亡的对立是新生。"新生与死亡是永生舞台上相向而立的舞者。

当我们在壁炉里烧木头时，树木奉献它的生命让我们取暖，它会死亡并变成灰烬。我们把木灰倒在树下，木灰又变成肥料转化成土壤，然后土壤变成树的一部分。这棵树生长、成熟、倒下，又变成了另一棵树。树其实从来没有真正死过，它只是不停地转化自我。同样的木灰也可以放在种土豆的土壤里。那么草木灰会培育土豆种子，长出很多土豆。草木灰滋养了土豆，土豆滋养了人类。我们是树木永生的复活，重生为人。

人类（human）这个词来自"humus"，意为"土壤"，人类是属于土壤的。不朽的生命以平凡的物质形式表现出来，这些形式在永恒的时空和循环中往复。没有什么是静止的、固定的、僵化的，一切都是动态的、循环的。存在是永恒的，但所有的物理形式都是短暂的、不断变化的。看似对立、二元、矛盾并复杂的现象，实际上是互补和调和的。为了理解和欣赏这个简单的真理，我们需要超越表象。

对我们来说，生活很简单，为什么要把它变得那么复杂？我们不要让自己的生活因为脱节和分裂变得艰难。让我们放松下来，了悟物质的多样性根植于精神的统一性，深层的真理通过深入的观察得以洞见。在下一章中，我们将深入探讨洞见。

> 哪里直接，哪里就有生命；哪里打弯儿，哪里就是消亡。我们的身体、思想和语言都应该简单直接。
> ——维诺巴·巴韦

第十二章

洞见

清明地洞见,这是诗歌、宗教、预言的"三位一体"。

——约翰·拉斯金

生活的简单就是"洞见"。观看、凝望和看见之间有很大的区别。梵语中的"达善"（Darshan）可以被翻译成"洞见"，意思是能看到超越表象的东西。

我年轻的时候，我的耆那教老师图尔西上师教导我修行达善。梵语中的"和尚"叫穆尼（Muni），意思是"沉默的人"；"弟子"叫什拉瓦克（Shrawak），意思是"倾听的人"。老师不语，弟子倾听，深度倾听和洞见之间有着微妙的联系。当我们安静地倾听时，我们发展了用第三只眼睛看的能力。我们超越声音去聆听无声，超越形式去看无形。普通人用双眼去看，双耳去听，但是僧侣们训练自己去看图像之外的东西，去听声音之外的东西。

当我修习达善时，我面对上师坐了一个小时，一个字也不说，我只想坐着。如果我没有和我的上师在一起，那么我可能会坐在寺庙里的一尊神像前。我会坐着冥想，倾听神圣的"唵"的声音。没有任何言语，仅仅是一种内心的回响。在最初开始练习时，我会大声念诵"唵"，但很快我就被告知不要在意声音的大小，要倾听"唵"在我体内的回声。

达善是看到无形之形，体验不可道之道——纯粹的和平、光和能量。这个过程类似于艺术家的创作。当艺术家绘画时，他们深刻地洞见主题，他们看到了超越物理形式的东西。最终，对象与艺术家之间的分离消失了，观察者和被观察者合二为一。在这种状态下，艺术家变成了一个先知，一个圣人。先知被称为达善尼克（Darshanik），他就是给予和接受达善的人。在达善修行中，神和奉献者、上师和弟子、外在神明和内心神明、信条戒训和内心善求之间没有分别，完全合一。

真正的先知能够用第三只眼看事物，就像湿婆一样，这让他能超越物质世界，拥有看到无形世界的力量。从有形到无形，再到有形，是一个灵性之旅。

佛教徒说："揭谛揭谛，波罗揭谛，菩提萨婆诃"，意思是"去吧，去吧，超脱开悟，前往彼岸的光明世界。"通过洞见，世间的表象消失了，世界的实相出现了。在这一点上迸射出物质和灵性合一产生的光芒，洞见终结了一切对立的分裂。

有远见的人能看到事物的完整面而不被世界的对立所纠缠，会用智慧的眼睛、心灵的眼睛、诗意的眼睛看世界。乔纳森·斯威夫特（Jonathan Swift）说："远见是看到别人所看不见东西的艺术。"诗人看到这一切，是因为他们用想象之眼，即第三只眼睛看到了一切。

智慧来自洞见和经验。我们用智力获得知识，用耳朵和眼睛获得信息，用第三只眼，我们体验合一和平静。

文字和图像可以让我们把握片面的真理，但当我们闭上眼睛和嘴巴，超越理智，我们就打开了自己，去体验全部真理。没有经验的知识是庸俗和肤浅的，结合经验的知识使我们能够发现世界的完整和神圣。当今世界有很多知识，但是很少有神圣感，很少有整体感。受过高等教育的人往往没有神圣感，没有智慧，也没有慈悲心。建立在达善基础上的知识体系使人类能够以敬畏和智慧全面地动用自身。达善传递着这样的灼识：动物生命、植物生命、岩石生命、河流生命、人类生命，一切生命都是神圣的。

大学教会人们零散的学术知识、事实信息和数据。学者中少有有远见的人，他们博览群书，但少有先知。他们需要合上书本，关闭屏幕，然后闭上眼睛，想象生命的整体，用心灵的眼睛洞见一切，洞见万物之间的关联与依存。通过达善，我们洞见世界的整体。

当我们只用双眼看时，一切都是分开的。树木和土壤是分开的，树枝上的鸟和树是分开的，周围嗡嗡叫的蜜蜂和花是分开的，人类和大自然是分开的。这种肤浅的感知创造了分离的叙事。新的叙事则是将所有生命进行聚合。

先知认为树和鸟是关联的。鸟儿吃树上的果实，并在树上筑巢，没有树，鸟儿就无法生存，树则被鸟粪堆肥滋养。没有花，蜜蜂就活不了，没有蜜蜂的授粉，花也就不见了。

没有树木，人类就无法生存。没有森林日夜的氧碳循环，我们如何生存？如果树和蜜蜂不存在，人类也不会存在。没有蜜蜂，就没有授粉，便会没有食物，没有生命。爱因斯坦说："如果蜜蜂从这个世界上消失，人类最多苟延残喘四年。"爱因斯坦是一个先知，他看到了生命存在的统一。

万物共存。因为一切都是由相同的四元素——地、水、火、风组成的,所以我们是一体的。通过洞见,我们意识到我们都是彼此关联在一起的。我们处在一种关系的纽带中,打破这种纽带将带来危险。我们与树木、蜜蜂、鸟类、河流、山脉、森林有着神圣的联系。我们和蚯蚓也有着神圣的联系!

蚯蚓一天24小时都在土壤中工作,以保持土壤处于良好的状态。他们这样做没有报酬、没有假期。如果蚯蚓不工作了,我们的餐桌上可能就没有食物了。我们能种下种子是因为蚯蚓准备好了土壤,才能长出粮食为我们提供营养。根据一位印度科学家测算,一条蚯蚓一生能疏松6吨土壤。这说明,如果我们有足够多的蚯蚓,我们几乎不需要旋耕机或拖拉机!

蚯蚓有助于土壤长出粮食以滋养我们的身体,但我们同样需要心灵的食粮。那是一种神圣感,是对生命的统一和对所有生灵的慈悲心。心灵的营养和身体的营养是相关的,如果我们的身体营养不良,心灵也会空虚;如果我们的心灵缺乏营养,身体也会同样欠佳。

通过达善和洞见,我们寻得真理。这是所有哲学和科学的发展历程。观察需要耐心，我们必须慢下来。牛顿不得不等到苹果在树上成熟，当苹果成熟时，它很容易就从树枝上脱落。牛顿全神贯注地观察它，进而发现了万有引力。

佛陀和牛顿一样，也表现出极大的耐心。他坐在树下，观察了很久。云来了，带着雨水，给树带来了养料。鸟儿们也来这里躲雨，吃着树上的果子。佛陀观察到，这棵树毫无歧视地给把果实奉献给每个人。他在树那里看到了博大的仁慈、爱和慷慨。佛陀通过观察一棵树发现了慈悲！

满载果实的果树从不问："你带信用卡来了吗？"无论谁来树前，果实都是免费的，无论长幼、贫富、男女、黑人或白人，圣人或罪人，男人或女人，人或动物，鸟或蜜蜂，都是受欢迎的，都可以得到果实。

当佛陀坐在树下时，他看到了相互关联的整体，他体验了自然的达善之路。他认为自然是神圣的，水果牺牲自己来给人类、动物、鸟类、蜜蜂提供营养。这就是树的神性，这就是为什么人们将树称为生命之树、知识之树、智慧之树、语言之树。树默默地交流着，佛陀听到了它的智慧。通过洞见，以及和树的达善修行，佛陀开悟了。

达善将平凡转化为非凡。如果我们只用双眼看一棵树，我们只能看到木头和树枝，树叶和花朵。它能进行光合作用，还可以用来劈柴。但是如果我们用第三只眼去看树，普通的树就是神树，成了我们的老师。寻求开悟的人坐在树下获得自我实现。达善把一座山或一条河变成了神，大地变成了天堂。一块石头也可以成为湿婆，一段木头也可以化身佛陀。

达善改变了我们的意识和看待世界的方式。神学家托马斯·贝里（Thomas Berry）体验了达善，他说："宇宙不是事物的集合，而是主体的交融。"神明不是一个与我们分离的人，他工作了六天，创造了世界，然后在第七天睡觉。印度教对神明的观念是，宇宙是神明的化身，是湿婆的舞蹈，是宇宙的游戏。我们不能把舞者和舞蹈分开。整个宇宙都是神圣的。每一片叶子，每一片草，每一条虫子，每一只蜜蜂，每一朵花，每一个果实，每一个孩子，一切都是一种神圣的舞蹈。爱默生（Emerson）说："永远不要错过任何看到美的机会，因为美是上帝的手迹。"

威廉·布莱克写道："一沙一世界，一花一天堂，无限手中握，刹那即永恒。"布莱克从一粒沙子看到了整个世界！形而上与形而下并不分离,形而下和形而上是同一实相的一体两面。我们用双眼看物质,用第三只眼睛想象,洞见形而上。鲁米说:"不要妄自菲薄,你是欣喜若狂的宇宙。"

达尔文研究蚯蚓,带来了对生物特质的进一步研究。通过洞见,他看到所有生物都是从同一个源头进化而来的,因此万物都是有联系的。这既是一种灵性上的感悟,也是一种理性和智性层面的领悟。

现代世界,学习已经沦为测量。观测变得很重要,测不到的就不存在——这是大多数人所相信的,因为他们的视野局限于物质实相。这就是为什么我们需要达善,去看见超越物理的和测量的现实,去探寻灵性层面。物质和灵性不可分割,也不存在分裂,灵性和物质纠缠在一起。没有灵性的滋养,物质不可能存在。如果我的身体失去生命的鲜活,它将毫无用处。人的灵性使人的身体充满活力,我们成为宇宙灵魂(anima mundi)的一部分,身心合一。没有灵魂,没有灵性,没有想象力的身体就是行尸走肉,活着与死去无异。物质需要灵性才能有活力,灵性需要物质来展现自己。心灵、灵性、想象力和意识通过物理现实发挥作用。

如果没有手握着笔在纸上移动，我就不能写字。然而，只有手也不能写字，它们需要想象力。但是身体和想象力不是两个独立的东西。它们并非是二元的，而是完全统合在一起。唯物主义者和唯心论者的人都缺了一部分东西，但能用第三只眼睛看的人，就能发现精神与物质的统一。理论物理学家戴维·玻姆（David Bohm）称之为整体性和隐缠序。

伴随着整体而来的是治愈。没有整体就没有愈合。当我们破碎、分离和分裂时，我们就会生病；当我们完整时，我们就会被治愈；当我们被治愈时，我们就会幸福。生命的目的是幸福，幸福就是完整，就这么简单。但是知道如何幸福却没有那么简单。所以我们需要达善，需要洞见，以知晓如何获得幸福，以及如何把每一个行为转化为幸福的源泉。

例如，烹饪不必是一件苦差事，它可以是一种乐趣。当我走进厨房时，我说："啊，我要做饭了，真高兴！我会准备一些令人的愉快的食物。"走进花园也是一样，"哇，多么美好的一天！阳光明媚，我要呼吸新鲜空气、接触土壤、种下种子、闻到花香。"当我们开始从行动中获得快乐的时候，行动就变成了幸福的源泉。生活被改变了。我们可以超越好与坏的对立纷争，达到一种平和的状态。

鲁米说："在是非之外，有一个地方，我会在那儿和你见面。"这是达善的完美表达。即使处境艰难，达善也能让我们处于幸福的状态。达善把粗糙和光滑结合起来，认为粗糙和光滑是彼此的一部分。莱昂纳德·科恩（Leonard Cohen）歌唱这个真理："万物皆有裂缝，那是光照进来的地方。"

在这一章中，我们探索了达善这一简单而深刻的思想，这有助于我们超越二元论，比如形而上和形而下，物质和灵性、艰难与顺利等。但是最令人困惑的二元论是科学与灵性。如果我们很好地理解了达善，我们就可以轻松地穿行于科学与灵性两者之间。在下一章中，我将探讨科学与灵性之间的复杂关系，并寻求一些简单的答案。

> *乱七八糟的房子象征着生活和思想的一团乱麻。*
> ——*R.D. 莱恩*

第十三章

灵性与科学相结合

--- ❖❖❖ ---

科学不仅与灵性相容,而且是灵性的重要源头。

——卡尔·萨根

为了体现美而简的哲学，我们需要解决科学和灵性之间的关系。有些人认为科学和灵性是两极对立的，但事实果真如此吗？科学是研究那些可以测量的事物，而灵性是关于不能测量的事物。在生活中，这两者是融为一体的。看看我们的身体，我们可以度量身体的重量、长度、宽度和解剖结构，但是我们如何衡量智慧呢？我们可以做一些智商测试，但我们永远无法真正衡量我们有多少智慧。我们也有感情，比如对朋友和家人的爱，我们能测量吗？所以灵性与那些无法测量的东西有关。我们需要测量可测量的东西，但也需要接受这样一个事实，生命中有些维度无法测量。

盖亚假说、混沌理论以及进化论，这些极其复杂的科学理论在某种程度都很趋近于灵性。量子物理很好地弥合了意义与测量之间的鸿沟。当把意义赋予数量时，数量就变成了量子。在量子层面，所有的分离会停止，我们在能量层面互相关联。因此，存在的意义是无形生妙有。我的一些科学家朋友认为人类的意识非常接近量子物理学，因为在量子力学的维度里，所有的表现都是不可见的。意识的含义也是如此：在有形的现实中，存在着一种不可见的维度。在灵性术语中，我们称之为意识；在科学术语中，我们称之为量子力学。

我们可以观测物质，但不能测量意义。当我写一篇文章时，我可以说它是八百字，正好一页。我可以数字数，我可以测量用多大篇幅，但文字的意义和品质是无法衡量的。我能感受其中到的意义，但无法测量。文字是物理实在，但意义是形而上的。法律也有两个方面，法律的文字和法律的精神。任何事物都有物理实在和形而上的意义。人类拥有身体和灵性。我们需要物质，也需要灵性，它们构成一个统一的现实，不能各自独立存在。有形和无形，物质和灵性之间没有分离或二元论。

科学给我们理性的逻辑、经验、可测量和可复制的工具和技术，我们需要它们在生活中发挥作用。灵性给了我们爱、慈悲、慷慨和互助的感性，我们也需要这些。

没有价值、憧憬、伦理和美学等灵性价值观的指导，科学会把我们引入歧途。在缺乏价值观的指导时，科学最终会被用于制造核武器。被灵性指引的科学家在发明战争武器和其他毁灭性工具之前会慎之又慎。为什么我们会遭遇全球变暖？因为科学家一直在为商业和工业机构的利益而工作，没有灵性的指导，所以他们的科技创新导致了气候变化等全球性危机。

例如，现代农业是科学的，但它产生了大约18%的温室气体。如果农业是受灵性价值观为基础的指引，情况就会大不相同。

生物动力农业、生态农业和永续农业等灵性农业强调土壤活性和生物多样性的价值，而工业化的科学农业只重视用最少的劳动力投入得到最高的食物产量。现代农业使用联合收割机、大型拖拉机、化肥、除草剂、杀虫剂和转基因种子。因为缺乏敬畏土壤和动物的灵性价值观，所以科学农业中的食物不再神圣，它只是一种盈利的商品。难怪数以百万计的牛、猪和鸡被关在工厂化农场残酷的环境中，一辈子看不见太阳。这只是科学和技术被剥夺灵性后产生的有害结果之一，我们的农业迫切需要灵性价值观的回归！

尽管有些科学家信奉灵性价值观，并为世人的利益而工作，但很多科学都是为贪婪、战争、浪费、污染、剥削和不公正服务的。如果科学要为人类和地球的利益与需求服务，就必须改变这种情况。

爱因斯坦说过："没有宗教的科学是盲目的，没有科学的宗教是跛足的。"如果没有科学，我们就会一瘸一拐的。我们可以看到什么是好的，但我们不能实现我们的愿景。因此，具有灵性和宗教信仰的人需要拥抱科学。

那些发展出深厚灵性的人往往不愿意解决物质世界的问题，现在情况正在慢慢改变。过去很长一段时间里，在一些擅长冥想和瑜伽、哲学、诗歌，但缺乏科学研究和方法论的社会里，人们遭受饥饿和贫穷。所以，没有科学的确实是很蹩脚的。

没有科学的灵性，宗教往往会走向原教旨主义。每当印度教、佛教、基督教或伊斯兰教拒绝科学、理性、测量和逻辑思维时，原教旨主义就诞生了。没有科学的实证，灵性就会变成盲目的迷信。迷信的人除了他们的圣书之外，不会看到或相信任何东西。他们把《圣经》《古兰经》《摩西五经》或《薄伽梵歌》中的每一个字都当成神的真言。他们认为只有一个真理，只有他们拥有真理，而且每个人都必须遵循他们的真理观，他们否认真理的多重性和多样性。他们成为传教士，努力说服其他教派人皈依他们的宗教。当然，也有心胸宽广的宗教人士信奉科学价值观，但只占少数。制度化的宗教在很大程度上受到教条主义、原教旨主义和排他主义的束缚，因为它们不愿意接受并尊重真理和宗教的多样性。

所以科学需要灵性，灵性需要科学。两者彼此需要，不相矛盾。科学和灵性之间没有冲突。科学是对灵性的补充，灵性是对科学的完善。灵性赋予我们想象和价值观，科学带给我们工具和技术，这两者我们都需要。这是一种兼具整体性和包容性的思维方式，任何事物都有自己的位置，只要它们处于正确的比例和平衡之中。例如，白天和黑夜就处于正确的平衡关系中，夏天昼长夜短，冬天昼短夜长，但整体是平衡的。科学和灵性之间也需要同样的平衡。为了实现这种平衡，有信仰的人和科学家都要谦逊大度。

灵性与宗教体验与任何特定的信仰体系都没有关系。信仰意味着固执己见。当我说"我相信上帝""我相信轮回""我相信复活""我相信圣灵感孕",这个或那个之类的时候,我已经遮蔽了我的心灵。

灵性关乎爱,而不是信仰。灵性追求者总是在旅途中、在朝圣的路上寻求真理和启示。没有一个地方可以让他们说"我已经找到答案了"。灵性是一个过程,一种探索,而不是目的。科学也是如此,它是一个不断发展的探索。科学家寻找真相,他们不会说"这是终点,我们已经到达目的地,不需要更多的研究"。不幸的是,一些科学家说"达尔文是终极的",他们遮蔽心智,成为信徒。如果你成了一个信徒,你就不会再使用你的智慧和感知力从你周遭的世界和经验中学习,那么此时你已经离开了科学的道路和灵性的道路。

通过科学和灵性,我们总在追寻新的见解和新的智慧,这可以把我们从教条的、僵化的和固定的信仰中解放出来,科学与灵性,形而下与形而上,物性与慈悲,心灵与物质得以共舞。

为了推动科学与灵性的合一,我为这个时代起草了一份三位一体的方案。为了使人类能够与自然和谐相处,关照我们人类的心灵,并在全世界所有人类社区中建立和平与正义,我们需要关注土壤、心灵与社会。前段时间,我写了一本同名的书,随着我的想法进一步发展,我将在最后一章对这些想法进行最新的概述。

> *世上本无事,庸人自扰之。*
> ——*中国民间俗语*

第十四章

土壤、心灵与社会

我们生活在一个互相关联的世界,因此需要一个互相关联的整体性方案解决互相关联的整体性问题。

——娜奥米·克莱恩

为了过上美而简的生活，我们需要关注生存的三个领域：土壤、心灵与社会。

每个时代，都有三个词用来捕捉时代的精神。自由、平等、博爱是法国大革命的灵魂，抓住了革命的本质。这是很好的三位一体，但它没有提及人与自然的关系，也没有提到灵性，只是社会政治的三位一体。

基督教传统有三个精神层面：圣父、圣子和圣灵，它与任何社会层面都没有联系，忽略了生态方面。新时代也有三位一体——心灵、身体、精神——它没有解决我们与自然的关系，也没有解决我们与人类世界的关系。这是个人的三位一体——我的思想、我的身体、我的精神——以及所有关于保持他们个人健康和平衡的东西。

还有美国的三位一体：生活、自由和对幸福的追求。但它是关于人的生命、人的自由和对人类幸福的追求。当我去美国的时候,我对人们说:"你们追求幸福已经有几百年了。追求幸福是因为当下不幸福吗?"

这表达了人们在特定历史时刻的需求。现在我们处于生态时代。21世纪是生态的世纪,20世纪才是经济的世纪,自由贸易、世贸组织、全球化、世界银行、国际货币基金组织和跨国公司是彼时的主导力量。所有政府都痴迷于经济学,学校让年轻人做好了适应经济体系的准备。这种经济模式对环境造成了灾难性的后果,让地球处于糟糕的状态,所以21世纪必须是生态的世纪。政府、媒体、工业领域和教育机构开始关注雨林、荒野、水和土壤。所以对于生态世纪,我们需要一个新的三位一体。它应该是一个整体观下的三位一体,必须包括生态、心灵和社会层面。因此,我为我们这个时代提供了一个新的三位一体:土壤、心灵与社会。

在拉丁语中,土壤是"humus"。从这个词根,我们获得人性(human)和谦卑(humility)。当我说我是一个人时,这意味着我来自土壤,来自地球。因此我们人类并不比土壤优越,我们是由土壤构成的。土壤真的很谦逊,它永远在我们脚下，从不在我们头上。正如土壤的谦逊，人类也需要谦逊。当我们失去了谦逊，我们就失去了人性。与自然、与地球、与土壤融为一体是我们作为人类最重要的品质。

城市文明使人类脱离了土壤。文明这个词来自"civic"，这个词与城市相关。我们有一种在佛罗伦萨、维也纳、布拉格、威尼斯、巴黎、罗马和伦敦等欧洲城市发展起来的文明。在古印度的梵语中，没有"文明"这个词，我们拥有的是在田野和森林中发展起来的文化，生活在森林中的先贤、诗人和哲学家写了大量的哲思、诗歌和故事。印度文化是一种森林文化，它扎根在土壤里。事实上，文化这个词在古英语中的意思是"土壤"。

自文艺复兴和启蒙时代以来，我们发展出一种世界观，认为人类是进化的巅峰。我们的城市文明认为，土地、动物、海洋、河流和森林的存在仅仅是为了满足人类的需求，大自然是为了人类使用和人类利益而存在的。但当我们观察土著民族以土壤为基础的文化，或者道教、佛教和印度教文化时，发现它们都认为人类和其他物种一样都是大自然的一部分。

正如种族主义和民族主义让我们的思维变得狭隘，物种主义同样如此，人类开始要求拥有高于其他物种的特权。为了整体和生态，我们必须摆脱物种主义。

物种主义认为人类是唯一有意识和有生命的物种，其他物种没有灵魂，人类是优越的。这个想法让我们相信土壤是没有灵魂的，地球是一块死石，大自然是无意识的，这是城市文明的一个根本性错误。全世界的传统文化中都认为自然是有灵性的，土壤是有灵魂的。

我们用土壤来种植粮食，制作衣服，建造房子。在这个过程中，土壤被消耗，所以，我们有责任堆肥、施肥，让土壤休耕一年或数年。

土壤是对所有环境和自然关系的隐喻。一切都来自土壤，森林、食物、房子、衣服全都如此。我们的身体来自土壤，又回到土壤。土壤是生命之源，三英寸厚的表土维持所有生命。如果没有土壤，就不会有生命。如果我们保护好土壤，照顾好她，其他的一切都会好起来。土壤储存了大量的碳，但此刻，土壤中的碳正在流失，因为我们挖掘，开犁，无限制开采，几乎没有任何碳能回到土壤。因此，土壤变得没有生命了。如果我们能让土壤变得肥沃，温柔地对待她，既不挖太多，也不让她太暴露，那么碳和肥力就会恢复。在土壤中储存碳是缓解气候变化影响的一个好办法。土壤比树木更能储存碳——这就是土壤的美。

范达娜·席娃在她的书《土壤不是石油》(Soil Not Oil)中解释了土壤的性质以及为何土壤是万物存在的基础。人类社会从依赖石油开始，就忘记了土壤。现在大多东西都是石油制造，尼龙和聚酯纤维的衣物，以及食物、交通、供暖、照明等方方面面都有赖于石油。我们不仅依赖，而且痴迷于此。那石油耗尽时会怎样？我们念诵着"石油、石油、石油"的咒语。石油和煤炭，都是化石燃料，都是暗能量，他们来自地下世界。我们需要从用这种地狱般的能量转变为用天堂的能量，诸如太阳能、风能和水能。我们应该重新审视土壤。如果我们从石油转向土壤，人类和地球将更加长寿。

有一次我去拜访《土壤有生命》(The Living Soil)的作者伊芙·巴尔弗（Eve Balfour）女士，她是土壤协会的创始人。她带我参观了她的花园。那是4月下旬，整个花园欣欣向荣，鲜花和蔬菜都长势喜人，而这个季节里，一般的花园都没有如此繁茂的景象。我问她："这个花园打理得这么漂亮，您有什么绝招吗？您做了什么？"伊芙夫人回答说："我什么都没做，我只是用心关照土壤。其余都由土壤负责。"

土壤是关键。《卫报》（The Guardian）环境编辑约翰·比达尔（John Vidal）写道："土壤侵蚀的直接后果是在短短40年内，世界上30%的可耕地可能变成不毛之地，鸟类和动物的数量急剧下降。土壤是所有资源中最珍贵的，然而在一个又一个国家，它们逐渐被冲走或吹跑。"

现代社会重视石油、金钱、工业、基础设施，但不重视土壤。土壤不会出现在任何政府议程上。但看看议员和政治家们总计数百万字的演讲，"土壤"这个词几乎不会出现。世界各国的总理和总统很少谈论土壤，即使是农业部长和环境部长也很少谈论土壤。媒体、学校、大学、商界领袖都极少提到土壤这个词。但是我们必须谈论土壤，我们必须谈论增加土壤肥力、保护土壤肥力。我们必须学会热爱土壤，土壤是整个自然界的女王。

同样，我们需要补给我们的心灵。我们的言谈、思考和感受，都是从心灵的品质发出。无论我们是焦虑还是幸福、开心还是恐惧，都在运用心灵的能量。所以我们需要找到补充和治愈心灵的方法。这就是为什么所有的灵性传统都发展了不同的心理治疗的技术。

冥想就是这样一种技术，一种滋养心灵的一种方法，它意味着专注、冷静、沉稳、默然、安静、平和的生活。如果我们能意识到自己的心灵，我们就能变得坚韧，用内心的力量度过困难时期，培养出仁慈、善良和慷慨，让我们的生活变得快乐、富足。

冥想让外在世界和内在世界相遇。土壤和心灵合一，身和心合一，物质和灵性合一，心灵工作和社会工作合一。有人说："哦，我是一个实干家，我没时间冥想，没时间修行。我只想成为一名实干家。"实干家是好的，但要行之有效，我们则需要内心强大。没有内在的坚韧，外在的积极热情就无法持久，我们很快就会被消耗殆尽。当我们观察伟大的活动家时，我们发现他们都在从事灵性修习。马丁·路德·金和圣雄甘地是两位将灵性活动与政治社会活动相结合的活动家典范。甘地无论多忙，他从不错过早晚冥想，马丁·路德·金也从未错过他的祈祷。冥想和祈祷是给留给自己的时间，如果我们不照顾自己，谁来照顾我们呢？如果我们忽视自己，凭什么期望别人会来照顾我们？

照顾好自己并不自私。当你自己能够供养自己的时候，你就会变得强大，你就可以去帮助别人了。你有没有说过"哦，我没时间吃午饭，我正在为拯救世界而工作。"不，拯救世界先要拯救自己。如果你在飞机上遭遇紧急迫降，你要先给自己戴上氧气面罩，然后关照你的邻座。照顾好自己是照顾别人的前提，照顾好自己也并不意味着你是自我中心。

你是宏观世界的一个缩影，整个宇宙都在你的"自我"之内。这是宏大的思维，宇宙灵魂与个体心灵须臾不离、息息相关。宇宙灵魂是终极的，个人的心灵是私密的。如果不照顾私密的自己，又怎么能照顾到终极的宇宙呢？所以自我和宇宙是实相的一体两面。这就是为什么环保主义者和和平缔造者需要关照自己的内心，他们需要照顾自己的心灵。

土壤有灵，树木有灵，万物有灵。我们都忘了这个事实。正如土壤是外在景观的关键，心灵是人内在图景的关键。美国心理学家、《心灵关怀》（Care of the Soul）一书的作者托马斯·摩尔（Thomas Moore）认为，人类的心灵是一切活动、想象和思想的基础。只有关照心灵，人类才能找到满足和幸福。如果心灵在挨饿，人生就一事无成。

关照心灵就是了解自己。我是谁？我生命的意义是什么？为什么我会在地球上？我和世界，朋友，家人，同事是什么关系？所有这些问题都是心灵问题。我们每天都需要时间来问这些问题。都需要时间沉思和反思，都需要时间做自己。是时候和别人交往了，心灵渴望正确的关系。身体是心灵关系的载体。我们用身体拥抱他人，但事实上也在拥抱他的心。没有心，就没有爱和友谊，拥抱就会是空荡荡的。

我们需要喂养我们的心灵。当我们用米饭、蔬菜、面包和汤来喂养我们的身体时，我们同样需要用友谊、爱和仁慈、美和艺术、歌唱和绘画、想象和冥想、沉默和孤独来喂养我们的心灵，这些是心灵的食粮。如果我们心灵不饱满，我们就会受苦。为什么会有那么多的抑郁症，那么多的精神问题，为什么在夫妻关系和亲子关系中状况频出？所有这些紧张关系和精神问题都是不关照自己心灵的结果。身体的需求驱使人们花时间追求大房子、高薪、大汽车、电视机和电脑,但是我们不肯花时间去关照心灵,去爱、去冥想、去照顾孩子。我们把太多的注意力和精力花在拥有俗世事物上,以至于没有时间做自己。

我们每天吃三顿饭,想着要穿什么,片刻不停地工作只为了有容身之地。但我们花太少时间去滋养我们的心灵了,心灵渴求幸福。跳舞、散步、园艺、唱歌、烹饪、手工制作,通过身体活动,我们找回到心灵的丰盈,身心相依,幸福可期。

我们需要学会对自己满意。幸福是我们与生俱来的权利,我们永远不要让人偷走我们的幸福。他们能偷走我的钱、我的车、我的电脑,但没人能偷走我的幸福,因为幸福是个人持续成长的关键。与环境的可持续性一样,如果个人生活都没有可持续性,还谈什么世界的可持续发展。

土壤健康、心灵幸福的原则要延展到社会层面。只有按照人类尊严、平等和社会正义的原则组织我们的社会时,一切才是可能的。有些人拥有两万或五万英亩土地,而另一些人生活贫困，这怎么可能是对的？在澳大利亚，一些农民不得不坐直升机从他们的土地的一端到另一端，因为一个农场可以和得克萨斯州一样大。这不是大自然给我们的指令，而是人类创造的不公正秩序。我们的社会制度必须建立在正义、可持续性和灵性的基础上。如果我们生活在一个不公正的社会，那就难以在个人生活中实践灵性。

灵性（spirit）的词根是呼吸（spiritus）。科学家理查德·道金斯（Richard Dawkins）曾经对我说："库马尔先生，我不相信灵性这回事。"

我回答："道金斯教授，你不相信呼吸吗？"

他说："你什么意思？"

我说："灵性意味着呼吸。你和我一起呼吸，这就是灵性。我们一起呼吸。当我们拥抱爱人，一起呼吸。我们都是一体的，我们通过呼吸连接在一起。"

生命靠呼吸维持。当我们有那种同呼吸、共命运的感受时，我们体验到了灵性。仁慈、爱、慷慨以及服务这些伟大的灵性价值观在爱的关系中得到实践。

在一个社会或大公司里，如果人只被当作机器上的一个齿轮，灵性几乎不可能存在。当我们连邻居都不认识时，我们如何修习灵性或建立关系？在巴黎、纽约、东京、孟买这样的大城市，邻居几乎不打照面，那么他们如何实践灵性呢？为了拥有有意义的关系，我们需要小社区，我们需要在人与人之间组织我们的社会。虽然在大城市，修习灵性是很难的，通过培养一种邻里意识，我们也许能够创造社区、互相照顾、超越孤立和个体化的存在。城市也需要重新设计和改造成一个社区网络。

基于人的社区是一种灵性需求。圣雄甘地提倡分散的、地方性的、小规模的乡村经济。因为在小规模的社区里，人们能相互关心，发展关系，共同呼吸。

我们必须创造公平公正的社会制度。目前，我们社会的设计方式并不自然。而看看大自然，其中动物、鸟类、森林就不会受到不公正的待遇：从最小到最大的动物，从蚊子、蚯蚓，到大象和狮子，它们每天都从大自然中得到食物、水和居所。这难道不是一个了不起的系统吗？动物没有首相，没有总统，没有财政大臣，没有议会，没有监狱，没有法庭，也没有战争。这是一个自我组织、自我校正、自我管理的自然系统。森林中的老虎和土壤中的蚯蚓生活在一起,老虎从不伤害蚯蚓。老虎一旦吃了东西,就不再捕食任何动物,它会睡觉。一只鹿经过,老虎不会伤害它——老虎捕食只为喂饱自己。老虎没有人的贪婪,不会把食物储存在冰箱里。

反观人类社会,它并非为了确保每个人都有食物和庇护。数百万人入睡时又饿又渴,衣不蔽体,而另有人浪费食物,衣服总是穿不完。富人的房子空着,穷人无家可归。

根据官方研究数据显示,在英国,我们浪费了将近40%的食物。超市里过期的食物会被填埋,产生温室气体,但是超市不会把这种食物分给饥饿的人,因为这是违法的。看看我们的法律体系,扔掉食物是合法的,喂饱饥饿的人是非法的!我们的社会是一个非常不公平和不公正的社会。我们的经济秩序设计得很糟糕,它延续了不平等和对弱者的剥削。从21世纪的图景来看,我们需要重新设计我们的经济、社会和政治体系,没人肥胖、没人饥饿、没有食物被浪费、没吃完的食物可以被堆肥还田,浪费才应被视为非法。

现代工业社会最大的祸根就是浪费。我们从大自然中获取宝贵的资源,从矿山、田野和森林中开采资源,变成可消费的商品，使用它们，然后扔进垃圾填埋场。这种线性的经济不是自然经济。我们必须向大自然学习，创造循环经济。在自然界，一切都在时间周期和生命周期里循环。自然界的一切都是圆的。太阳是圆的，月亮是圆的，地球是圆的，树是圆的，我们的头是圆的。经济也应该是圆的，循环的。我们从自然中得到的一切都应该被有效利用，然后以一种容易被自然吸收的形式返回自然中，这样就不会有浪费了。这是常识，但不幸的是常识不再是常识了！

整体思维将土壤、心灵与社会作为一个大图景的三个维度联系在一起，这是我们这个时代的新三位一体。当我们以单一问题为导向时，我们相信，只要能够实现世界环境的可持续性目标；只要每个人都能践行灵性；只要我们能够在世界上建立社会正义，那么一切问题就都会迎刃而解了。但这种对单一问题的执着并不会让我们走多远，因为它太狭隘了。所有问题都是相互关联的，土壤、心灵、社会的三位一体囊括了整个世界。

有了这三位一体的良好平衡，我们就可以为整个人类乃至整个地球创造一个可持续的未来。那么人类的未来可能就不止一百年、一千年，而是几千年。如果我们人类在地球上轻轻地留下自己的足迹，在土壤、心灵与社会的图景中过着美而简的生活，这一切就是可能的。

> 治人事天，莫若啬。夫唯啬，是谓早服；早服谓之重积德；重积德则无不克。
> ——老子

GRATITUDE

致谢

萨提斯·库马尔

如果没有各位朋友和同事的帮助,这本书是不可能完成的。

我想先对我的太太,我45年的生活伴侣琼表示最深的谢意。她充满耐心,勤勤恳恳,历经数月对我的手稿进行编辑和校对。书中的很多想法和主题都是源于我们这些年的谈话。谢谢您,琼!

这本书真是全家投入,我的女儿玛雅花了大量的时间和精力来阅读、编辑,并给予了执行层面和哲学层面的建议。谢谢你,玛雅!

复兴信托基金的同事林恩·巴顿提供了巨大支持,一稿又一稿不厌其烦地校对,谢谢您,林恩!

感谢伊莱恩·格林,感谢她多年来亲和而干练的支持。

伊莱恩长久以来的支持如此宝贵。谢谢您，伊莱恩！

我在舒马赫学院的同事威廉·托马斯一直细心记录我的"炉边谈话"，本书中采用了其中一些对话。非正式的谈话是由李·库珀转录的，尽管日程紧张事物繁忙，但他还是专门为此抽出时间。谢谢两位，威廉和李！

非常感谢莫妮卡·佩尔多尼，她深刻的思想和洞见对本书有莫大的帮助。谢谢您，莫妮卡！

最后，也是最重要的，我非常享受与新社会出版社（New Society Publishers）的合作过程。谢谢您，罗伯·韦斯特和您的整个团队，感谢您高效快速地处理与本书相关的一切事务。